변치 않는 친구
반려동물

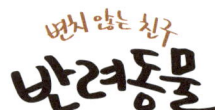

변치 않는 친구 반려동물

2판 1쇄 발행 2020년 11월 30일

글쓴이	최정원
그린이	엄영순

펴낸이	이경민
펴낸곳	㈜동아엠앤비
출판등록	2014년 3월 28일(제25100-2014-000025호)
주소	(03737) 서울특별시 서대문구 충정로 35-17 인촌빌딩 1층
전화	(편집) 02-392-6901 (마케팅) 02-392-6900
팩스	02-392-6902
전자우편	damnb0401@naver.com
SNS	

ISBN 979-11-6363-283-2 74400

※ 책 가격은 뒤표지에 있습니다.
※ 잘못된 책은 구입한 곳에서 바꿔 드립니다.
※ 이 책에 실린 사진은 위키피디아, 셔터스톡에서 제공받았습니다.

도서출판 뭉치는 ㈜동아엠앤비의 어린이 출판 브랜드로, 아이들의 지식을 단단하게 만들어주고, 아이들의 창의력과 사고력을 키워주어 우리 자녀들이 융합형 창의 사고뭉치로 성장할 수 있도록 좋은 책을 만들겠습니다.

변치 않는 친구

반려동물

글쓴이 **최정원** | 그린이 **엄영순**

뭉치
MoongChi Books

 ## 펴내는 글

개 식용 문화는 잘못된 걸까? 성대수술이 반려동물에게 필요할까? 반려동물과 함께 행복하게 살아가려면 우리가 어떻게 해야 할까?

　선생님의 질문에 교실은 한순간 조용해집니다. 인내심이 한계에 다다른 선생님께서 콕 집어 누군가의 이름을 부르는 순간 나는 걸리지 않았다는 안도감에 금세 평온을 되찾지요. 많은 사람 앞에서 어떻게 말을 해야 하나 고민해 보지 않은 사람은 없을 겁니다.

　사람들 앞에서 자신의 생각을 조리 있게 전달하는 기술은 국어 시간에만 필요한 것이 아닙니다. 상급 학교 면접 자리 또는 성인이 된 후 회의에서도 자신의 의견을 분명히 표현하는 것이 중요합니다. 하지만 어디서부터 시작해야 할지 몰라 입을 떼는 일이 쉽지 않습니다. 얼떨결에 한마디 말을 하게 되더라도 뭔가 부족한 설명에 아쉬움이 들 때도 많습니다.

　논리적 사고 과정과 순발력까지 필요로 하는 토론장에서 자신만의 목소리를 내려면 풍부한 배경지식은 기본입니다. 게다가 고학년으로 올라가서 배우는 수업과 진학 시험에서의 논술은 교과서 이상의 것을 요구합니다. 또한 상대의 의견을 받아들이거나 비판하기 위해서는 의견의 타당성과 높은 수준의 가치 판단을 해야 하는 경우가 많은데, 자신의 입장을 분명히 하기 위해서는 풍부한 자료와 논거가 필요합니다.

　「초등 융합 사회과학 토론왕」시리즈는 사회에서 일어나는 다양한 사건과 시사 상식 그리고 해마다 반복되는 화젯거리 등을 초등학교 수준에서 학습하고 자신의 말

로 표현할 수 있도록 기획되었습니다. 체계적이고 널리 인정받은 여러 콘텐츠를 수집하고 정리하였고, 전문 작가들이 학생들의 발달 상황에 맞게 스토리를 구성하였습니다. 개별적으로 만들어진 교과서에서는 접할 수 없는 구성으로 주제와 내용을 엮어 어린이 독자들이 과학적 사고뿐만 아니라 문제 해결력, 창의적 발상을 두루 경험할 수 있도록 하였습니다. 또한 폭넓은 정보를 서로 연결지어 설명함으로써 교과별로 조각나 있는 지식을 엮어 배경지식을 보다 탄탄하게 만들어 줍니다. 이러한 통합 교과형 구성은 국어를 기본으로 과학에서부터 역사, 지리, 사회, 예술에 이르기까지 상식과 사회에 대한 감각을 익히고 세상을 올바르게 바라보는 눈을 갖는 데 큰 도움이 될 것입니다.

　겨울비가 내리는 밤 나나는 엄마를 잃고 마당에서 울고 있는 젖먹이 고양이 샤샤를 구해 줍니다. 너무 어려 스스로 응가도 할 줄 모르는 샤샤를 키우기 위해 나나는 열심히 반려동물 키우는 법을 공부하지요. 그리고 혼자 되셔서 외로운 외할머니를 위해 시장에서 새끼 강아지 마리를 사오는데, 끊임없이 짖는 마리 때문에 할머니는 이웃 주민들의 항의를 받습니다. 이웃 사람들은 마리에게 성대 수술을 시키라고 하는데……. 반려동물과 인간이 행복하게 함께 살아가기 위해서는 어떻게 해야 할까요? 나나와 함께 고민하다 보면 반려동물을 건강하게 키우며 행복하게 함께 살아가기 위해 무엇이 필요한지 알 수 있습니다. 이 책을 통해 독자 여러분이 반려동물에 대한 다양한 정보와 특성을 이해하고, 그 과정에서 나타나는 여러 가지 사회 현상을 파악해 올바른 가치관을 갖게 된다면 더없이 소중한 시간이 될 것입니다.

편집부

펴내는 글 4

태어나자 버려지는 새끼 고양이들 8

1장
반려동물? 애완동물? 11

미션 1 나나! 업둥이를 구하라!!

미션 2 우유 먹인 후, 반드시 트림하고 응가 시키기!!

토론왕 되기!
버려지는 반려동물, 그 원인과 대책은?

2장
반려동물 구하기 37

미션 3 외할머니의 반려견을 찾아라!!

토론왕 되기!
개 고양이 식용문화가 나쁜 걸까?

3장 반려동물 기르기 ⁶⁵

토론왕 되기!
펫샵이 느는 게 좋은 일일까?

4장 반려동물과 함께 어우러져 살아가기 ⁷⁷

미션 4 마리를 키울 방법을 찾아라!!!

토론왕 되기!
반려동물 중성화 수술, 해야 하나, 말아야 하나?

5장 반려동물은 나와 얼마나 함께할 수 있을까? ⁹³

미션 5 샤샤의 수명 연장 프로젝트

토론왕 되기!
반려동물의 안락사, 과연 옳은 걸까?

반려동물 관련 사이트 ¹²³
어려운 용어를 파헤치자 ¹²⁴
신나는 토론을 위한 맞춤 가이드 ¹²⁶

태어나자 버려지는 새끼 고양이들

나나야, 한밤중에 어디를 가려고?

새끼 고양이가 어미를 잃어버렸나 봐요.

길고양이는 원래 그래. 젖만 떼면 어미는 새끼 고양이가 스스로 살아가도록 버리고 떠난단다.

일기예보

오늘 / 내일 / 모레

지금 겨울을 재촉하는 밤비가 내리고 있는데요. 오늘 밤 사이 기온은 더 떨어지며 중부 지방의 아침 기온은 영하로 내려가겠습니다.

반려동물?
애완동물?

"나나야, 뭐 하니?"

엄마가 나나를 불렀어요. 나나는 얼른 거실로 나갔어요. 엄마가 새로 산 고양이 화장실에 모래를 가득 넣고 업둥이 고양이 샤샤를 화장실 안에 앉혔어요. 샤(Chat)는 프랑스 말로 고양이래요. 그래서 나나는 하늘이 주신 고양이를 고양이 중의 고양이라는 뜻으로 '샤'를 두 번 붙여서 '샤샤'라고 이름지었어요. 샤샤는 모래에서 데굴데굴 구르며 좋아했어요. 그러다가 모래를 먹기 시작했어요. 향이 나는 모래라서 맛있어 보였나 봐요. 하지만 이내 화장실을 박차고 나오면서 온 거실에 화장실 모래가 퍼졌어요.

"고양이들은 대소변을 잘 가린다던데, 샤샤는 길냥이라 그런지 아직 그런 걸 잘 몰라서 걱정이구나. 배변 훈련을 제대로 시켜 주어야 바쁠 때 할머니께 맡길 수 있을 텐데."

며칠만 지나면 샤샤가 집에 온 지도 2주일이 돼요. 처음에 엄마는 주위 사람들에게 물어 부드러운 붓에 따뜻한 물을 묻혀 젖먹이였던 샤샤의 항문 주위를 살살 마사지해 주었어요. 그 결과 첫 응가는 무사히 해냈답니다. 그런데 며칠이 지나 눈을 뜨고 뒤뚱거리면서 걸어 다닐 수 있을 만큼 자랐을 때 또다시 응가를 하지 않는 거였어요. 그뿐만이 아니에요. 처음에는 잘 먹던 고양이 우유도 요즘은 잘 안 먹고 물에 불려 으깬 고양이 사료는 거들떠보지도 않았어요. 아직 사료를 먹을 만큼 충분히 자라지 않았나 봐요. 응가를 못해 힘들어 하는 중에도 샤샤는 나나만 보면 꼬리를 살살 흔들면서 애교를 부렸어요.

"샤샤가 나보다 너를 좋아하니까 무슨 수를 써 봐."

글쎄요. 무슨 수를 써야 할까요? 나나는 일단 샤샤를 부드러운 천으로 감싸 안고 방으로 돌아왔어요. 그리고 사촌인 고양이 박사 도희 언니에게 전화를 했어요. 도희 언니는 버림받은 고양이들을 여러 마리 길러 친척들에게 분양할 정도로 경험이 풍부했지요.

"언니, 며칠 전에 데려온 우리 고양이 샤샤 있잖아? 샤샤가 응가를 안해."

"그래? 그렇다면 이 도희가 또 나서야지. 잘 들어 봐."

도희 언니는 고양이가 응가를 하지 않는 이유와 배변을 시키는 방법을 설명하기 시작했어요.

 동물박사 도희의 한마디 도움말~!

고양이 배변 훈련

고양이는 생후 한 달쯤 되면 혼자서도 응가, 즉 배변을 잘 합니다. 하지만 그 전에는 혼자 배변하기가 어려워요. 그래서 눈도 안 뜬 아기를 데려오면 응가를 하도록 도와주어야 해요. 대부분 부드러운 천이나 휴지에 따뜻한 물을 묻혀서 아랫배나 항문 주변을 마사지해 주라고 합니다. 그런데 우유를 먹인 후 30분 이내에 말총이나 동물 털로 된 부드러운 붓을 따뜻한 물에 푹 담갔다가 물을 짠 후 배를 부드럽게 쓸어 주면 고양이들이 응가를 해요. 물론 처음부터 하는 건 아니지요. 인내심을 가지고 몇 분 정도 살살 자극해 주세요. 아기 고양이는 피부가 부드럽고 너무 약하기 때문에 절대로 세게 해서는 안 돼요.

이렇게 배변 훈련을 하는 중에 고양이가 서서히 자라 걸을 수 있게 되면 고양이 화장실과 모래를 준비해 주세요. 처음에는 모래 위에서 신나게 놀지만 서서히 여기에 오줌을 누기도 하고 응가를 하기도 해요. 고양이들은 본능적으로 자신이 눈 오줌이나 변을 모래로 덮지만 눈도 뜨기 전에 사람 손에 길러진 고양이들은 어미가 하는 행동을 배우지 못해서 잘 못할 수도 있어요. 이럴 때는 고양이를 칭찬해 주면서 놀이하듯 함께 변에 모래를 뿌려 주세요. 또 다른 곳에 변을 보았을 때는 고양이가 지켜보는 가운데, 그 변을 화장실 모래 위에 옮겨놓으세요. 눈치가 빠르고 영리한 고양이는 금세 자기 잘못을 깨닫고 앞으로는 화장실 모래 위에서만 변을 본답니다.

강아지 배변 훈련

개들은 새끼를 오랫동안 잘 돌보기 때문에, 강아지들이 혼자 배변을 못 한다는 사실을 잘 모르는 사람들이 많아요. 어미들이 배와 항문을 핥아서 변을 먹어 버리기 때문이지요. 하지만 어미를 잃었거나 어미가 기르지 않고 버린 강아지를 주웠을 때는 고양이와 마찬가지로 아랫배나 항문 주변을 따뜻하고 부드러운 천이나 붓으로 쓸어 주어야 해

요. 너무 오래 하거나 세게 문지르면 피부가 헐 수 있으니 주의하시고요. 그런데 강아지들은 고양이처럼 모래 위에 변을 보지 않아요. 묻는 본능도 없고요. 개과 동물은 원래 무리지어 살면서 사냥을 하기 때문에 혼자 살아남아야 하는 고양잇과 동물보다는 조심성이 없지요. 그래서 사실, 고양이보다 배변 훈련을 하는 게 정말 힘들답니다. 배변 패드를 놓아 주고 그 위에 변을 보면 칭찬을 아주 많이 해 주어야 해요. 그러면 차차 같은 곳에 변을 보게 된답니다.

강아지와 고양이가 변을 보려는 것을 미리 알 수 있을까요?

강아지나 고양이는 변을 보기 전에 안전하고 적당한 장소를 찾아 냄새를 킁킁 맡고 다녀요. 이럴 때 고양이는 화장실 근처에, 강아지는 배변 패드를 주위에 놓아 주세요. 그리고 조용히 기다려 주세요. 강아지나 고양이가 제자리에 변을 보면 아주 많이 칭찬해 주세요. 그러면 차차 어디에 변을 보는지 알게 될 거랍니다.

미션 1. 나나! 업둥이를 구하라!!

엄마가 설거지를 하다 말고 나나를 불렀어요.

"친구 얘기를 들으니까 고양이가 분유를 잘 안 먹을 때는 다른 제품으로 바꿔 보라고 하더구나. 같이 가서 다른 분유를 한 번 사 와 볼래?"

"알았어요."

가까운 곳에 대형마트가 있어서 여러 가지 제품을 비교해 볼 수 있어 다행이었어요. 겨우 우유를 먹였더니 변을 안 보고, 다시 이리저리 알아봐 변 보기에 성공했더니 이제는 또 먹지 않는 문제가 생겼어요. 나나는 먼저 인터넷으로 가장 좋다는 고양이 분유를 알아보았어요. 인터넷에 오른 사용 후기를 읽어 보니 면역력이 약한 새끼 고양이에게는 산양유가 좋다고 쓰여 있었어요. 나나는 몇몇 제품의 이름을 메모하여 대형마트에 갔어요.

인터넷에서 본 제품들이 모두 있는 건 아니었지만 산양뿔이 그려진

제품 몇 개를 찾아 특징들을 비교해 보았어요. 그중에서 '소화가 잘 되는 것', '어미가 먹이는 모유와 비슷한 것'이라는 설명이 있는 제품을 골랐어요. 원래 고양이들이 한 달 반에서 두 달 동안 어미의 젖을 먹어야 하는데 샤샤는 초유도 제대로 못 먹고 버려졌기 때문에 모든 게 조심스러웠지요. 하지만 분유에 쓰인 설명대로라면 이제 샤샤도 다른 고양이만큼 튼튼해질 수 있어요. 심지어 이 분유에는 '태변(엄마 배 속에서 생긴 변) 배출 기능'도 강화되어 있다니 샤샤에게 딱 필요한 분유네요. 먹는 것 못지않게 중요한 게 배변 활동('응가'와 '쉬' 하기)이에요. 몸에 필요한 양분을 섭취하고 남은 찌꺼기는 제때 버려야 다시 음식을 먹을 수 있지요. 쓰레기통을 비워야 새로운 것을 담을 수 있는 것과 같은 이치예요. 그래서 좋은 것을 먹이는 것과 배변은 똑같이 중요하답니다.

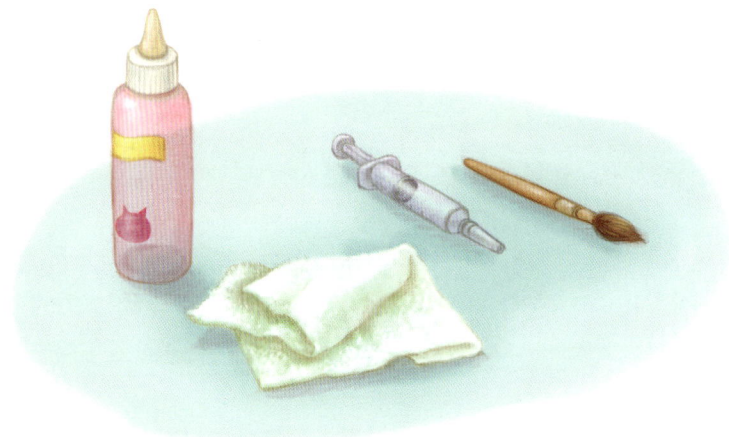

> **나나의 메모**
갓난 반려동물 우유 먹이기

준비물: 젖병/ 분유(초유 혹은 분유)/ 주사기

새끼 고양이 우유 먹이기
① 눈을 못 뜬 고양이는 초유분유를 준비해요.(사흘 정도 먹이면 된답니다.) 며칠 된 새끼 고양이라면 일반 고양이용 분유를 먹이면 돼요.
② 체온과 비슷한 따뜻한 물에 설명서에 쓰인 분량대로 분유를 타요.
③ 고양이용 젖병에 넣어요. 젖병을 물 수 없을 정도로 작을 땐 작은 주사기에 넣어서 조금씩 조금씩 분유를 탄 물방울이 흘러나오도록 해야 해요.
④ 몸이 따뜻해지도록 담요나 수건으로 감싸 어미젖을 먹는 자세랑 비슷하게 엎드리게 한 후 젖병을 물려 주고 빨아먹을 수 있도록 도와주어요. 사람 아기처럼 누운 자세로 껴안고 먹이면 우유가 기도로 들어가서 위험해질 수 있기 때문에 안 돼요.
⑤ 보통 한 번에 30ml를 먹이지만 각각의 크기나 건강 상태에 따라 다르므로 알맞게 조절해 주어요. 커 가면서 조금씩 양을 늘리는데, 60ml까지 먹인답니다. 이때부터는 이유식으로 우유에 불린 사료를 으깨서 조금씩 함께 먹여 보세요.
⑥ 눈을 뜨고 아장아장 걷는 고양이의 경우, 다른 건 다 비슷하지만 일반 고양이용 분유를 먹여야 한다는 차이가 있지요.

강아지 우유 먹이기

강아지는 고양이보다는 사람이 먹는 음식을 더 잘 먹지만 갓 태어난 강아지는 주의가 필요해요. 그래서 반드시 강아지용 분유를 주어야 해요. 사람이 먹는 우유에는 유당과 지방이 너무 많아서 설사를 할 수 있어요.

※ 강아지나 새끼 고양이에게 분유를 먹일 때 주의할 점

- 젖병 끝을 뚫어야 하는데, 너무 어릴 때는 젖병의 구멍이 크면 코로 뿜어 나오거나 기도로 넘어가 위험해질 수 있어요. 날카로운 송곳으로 작은 구멍을 내 보고 하루하루 커 가면서 젖을 빠는 힘이 세지면 +자로 잘라 줍니다.
- 갓난아기일 때는 초유를 3~4일간 2시간마다, 점차 자라면 보통 분유를 3~4시간에 한 번씩 주어요. 양은 30㎖에서 60㎖까지 늘려 주지만 고양이나 강아지의 건강 상태와 크기에 따라 받아들일 수 있는 양에는 조금씩 차이가 있어요.
- 새끼 고양이와 강아지가 2주일이 지나면 이빨이 나기 시작해요. 이때는 부드러운 젖꼭지를 이빨로 깨물어 구멍이 날 수 있어요. 이 시기쯤이면 약국에서 파는 60㎖ 물약 병이나 투약을 위한 바늘 없는 큰 주사기로 바꿔 주면 좋아요.

미션 2. 우유 먹인 후, 반드시 트림하고 응가 시키기!!

나나가 사 온 분유를 조금 묽게 타서 먹이니까 샤샤가 다시 쪽쪽 소리를 내면서 잘 빨아먹었어요.

"나나야, 고양이 우유 먹이는 거 보니까 나중에 커서 엄마 역할 잘 하겠구나."

엄마가 나나를 칭찬했어요. 나나는 엄마한테 칭찬을 받아 기분이 정말 좋았어요. 칭찬은 고래도 춤추게 한다지만 나나가 생각할 때 엄마는 바빠서인지 친구 엄마만큼 칭찬을 자주 하는 편은 아니거든요. 공부를 안 한다고 꾸중하시지도 않지만 공부를 잘 한다고 칭찬하지도 않는답니다. 그게 서운했었는데, 오늘은 칭찬을 받으니 더 많이 칭찬받고 싶어졌어요.

'이제 나도 고양이 박사가 되어 간다는 걸 증명해야지~!'

그런데 새끼 고양이가 우유를 다 먹었는지 잠들어 버렸지 뭐예요?

반려동물? 애완동물?

'도희 언니가 우유 먹인 후에 잊으면 안 된다는 게 있었는데……. 뭐였더라?'

 살짝 필기해 둔 것을 곁눈질했어요. 맞아요. 우유 먹이는 것보다 더 중요한 건 체하지 않게 트림을 시켜 주는 거라고 했어요. 나나는 메모장에 적어 둔 대로 고양이를 어깨에 기대도록 안고서 등을 부드럽게 토닥토닥 두드렸어요. 우유를 먹인 지 5분쯤 지났을 때 고양이가 조그맣게 트림하는 소리가 들렸어요.

 따르르릉.
"여보세요?"
 엄마가 전화를 받자 수화기 너머에서 외할머니 목소리가 들렸어요.
"김장은 했니? 올해 배추값, 무값이 비싸다는데, 텃밭에서 기른 배추가 아주 잘 자랐단다. 와서 좀 가져가거라."
 엄마가 울상을 지었어요.
"어머니, 저 못 가요."
"왜?"
 울상을 지은 사람은 엄마였지만 수화기 너머에서 들려오는 외할머니 목소리가 마치 울 것만 같이 슬프게 들렸어요. 외할머니는 몇 년 전 서울 근교로 이사를 갔어요. 나나의 엄마와 외삼촌이 따라갈 수 없어 반

나나의 메모

반려동물이라는 말을 쓰기 전에 우리는 애완동물이라는 말을 썼어요. 부르는 이름이 무슨 상관 있느냐고요? 이름은 아주 중요하답니다. 이름을 한 번 부를 때마다 자기도 모르는 사이에 그 뜻을 마음으로 새기게 되기 때문이지요.

애완동물의 글자를 자세히 살펴보면 애(愛)는 사랑한다는 뜻이지요? 완(玩)은 무엇일까요? 완은 '희롱한다.' 즉 가지고 논다는 뜻이에요. 우리가 애완동물이라고 부른다면 아픈 것도 슬픈 것도 사랑하는 것도 사람과 똑같이 느끼는 생명체를 장난감처럼 마음대로 가지고 논다는 의미가 돼요. 반면, 반려의 반(伴)은 '짝'을 뜻해요. 려(侶)도 같은 뜻이지요. 즉 살아 있는 한, 함께 식구로 지낸다는 의미가 돼요. 생명을 가진 친구들을 함께 살아 가는 식구로 생각한다면 물건처럼 쉽게 샀다가 쉽게 망가뜨리거나 버릴 수가 없겠죠.

개와 고양이를 애완동물이라고 부르다가 반려동물이라고 부르기 시작한 건 1983년부터였어요. 동물 행동학자로 노벨상 수상자인 K. 로렌츠의 80세 탄생일을 기념하기 위한 국제심포지엄의 한 회의에서였지요. 오스트리아 과학아카데미가 주최한 이 국제심포지엄에서는 '사람과 애완동물의 관계'를 주제로 한 연구 발표와 토론이 이어졌는데요, 개·고양이·새 등의 애완동물이 존엄성을 지닌 생명체라는 점을 기려서 반려동물이라고 부르도록 제안했답니다. 그리고 서양에서는 승마용 말도 여기에 포함하기로 했대요. 우리는 거북이 등을 포함시킬 수 있다고 봐요. 이런 분류를 떠나서 인간이 사랑을 나누며 살아가는 모든 동물은 반려동물이라고 할 수 있어요. 심지어는 장수풍뎅이 같은 곤충까지도요.

대를 했지만 늘그막에 농사를 지으시겠다면서 내려가신 거였죠. 나나네 친할머니와 친할아버지가 귀농하신 후 아로니아 농장을 하면서 늘그막에는 전원생활이 최고라고 권하셨던 것도 큰 이유였답니다. 하지만 지난해에 외할아버지가 갑자기 뇌졸중으로 돌아가신 후 외할머니는 큰 농사를 지을 수 없어 혼자 텃밭을 일구며 외롭게 지내고 계셨어요. 나나네 친할머니가 함께 식사하자고 매일 초대하셨지만 외할머니는 나 때문에 사돈 일거리가 는다고 한사코 혼자 지내셨지요.

"저, 실은……."

엄마는 말을 잇지 못했어요. 홀로 되신 어머니를 업둥이 고양이 한 마리 때문에 찾아뵐 수 없다고는 차마 말씀드릴 수 없었기 때문이지요. 하지만 서너 시간마다 우유를 먹여야 하는 새끼 고양이를 두고 가면 큰 위험에 빠질 수 있기 때문에 선뜻 집에 두고 갈 수도 없었어요. 그때 나나가 수화기 근처로 달려가 외쳤어요.

"외할머니, 안녕하세요? 우리는 샤샤 때문에 꼼짝도 못 해요."

"샤샤? 외국 아기를 입양했니?"

할머니 목소리가 들려왔어요.

"아뇨. '샤'가 프랑스 말로 고양이래요. 샤샤는 새끼 고양이예요. 우리가 잠시라도 돌보지 않으면 죽을지도 몰라요."

갑자기 외할머니 음성이 밝아졌어요.

"그래? 아가들은 내가 잘 돌보지. 거 이름이 뭐라고? 샤샤? 그 녀석도 함께 데리고 와라. 내가 돌봐 주마."

엄마의 얼굴이 환하게 피어났어요. 엄마도 외할머니도 기뻐하시는 모습에 나나도 행복한 기분이 되었어요.

나나의 메모

반려동물과 함께하는 나들이

외출에 익숙하지 않은 반려동물과 함께 나들이를 하는 건 여간 어려운 일이 아니에요. 하지만 눈도 못 뜬 아기는 쉬울 수도 있어요. 고양이와 강아지가 마구 뛰어다닐 때보다는 누군가에게 안겨 종일 잠만 잘 때가 데리고 다니기에 더 쉽답니다.

가슴에 품을 수 있도록 따뜻한 강보나 천으로 된 가방을 준비하면 좋아요. 두꺼운 옷으로 둘러, 가방을 메거나 팔에 안고 가면 어디든 갈 수 있기 때문이지요. 물론 분유, 젖병, 배변을 도와주는 부드러운 헝겊, 티슈, 따뜻한 물이 든 보온병 등은 꼭 가져가야겠죠?

개나 고양이와 나들이 할 때 필요한 준비물

어깨끈(목줄도 있지만 목줄의 경우, 고리가 쉽게 빠질 수 있고 동물이 줄을 잡아당기거나 다른 곳으로 가려고 버티면 목뼈에 무리가 갈 수도 있어요), 물통, 먹이, 그릇, 물티슈, 배변 패드, 배설물 담을 비닐, 비가 온다면 장화나 신 등이 나들이 할 때 필요해요. 특히 고양이는 몸이 유연한 데다가, 작은 자극에도 놀라 숨는 성질이 있어서 방심했다가는 어깨끈 사이로 빠져나가 도망쳐서 잃어버릴 수도 있으니 주의해야 해요. 그리고 사나운 개들은 입마개를 해 주어야 한답니다.

멀리 외할머니댁의 텃밭이 보여요. 통통한 배추들이 꽃봉오리처럼 오므려져 있어요. 외할머니는 그 텃밭에서 뽑아 놓은 배추들의 우거지를 다듬고 계셨어요.

"할머니!"

나나가 달려가자 외할머니는 장갑을 벗고 나나를 끌어안으려다 나나가 품고 있는 아기 고양이 샤샤를 보셨어요.

"이 녀석이구나~! 밥 먹을 때가 된 모양인데?"

외할머니가 살짝 강보를 들치자 샤샤가 혀를 날름거렸어요.

"어떻게 아셨어요?"

외할머니는 활짝 웃으셨어요.

"배고프다고 입맛을 다시잖니?"

나나와 외할머니는 샤샤가 배가 고플까 봐 서둘러 집으로 들어섰어요. 어느새 엄마가 주방에서 앞치마를 두르고 점심을 준비하고 있었어요. 외할머니는 나나가 준비해 온 젖병에 따뜻한 물을 넣고 능숙한 솜씨로 분유를 타서 먹이셨어요. 나나의 눈이 휘둥그레졌어요.

"할머니는 고양이를 키운 적도 없으면서 어떻게 이렇게 잘하세요?"

할머니가 빙그레 웃으셨어요.

"새끼들 키우는 법은 다 똑같지. 우리 나나 아기 적에도 할머니가 이렇게 안고 분유를 먹였단다."

엄마가 직장을 다녔기 때문에 외할머니가 나나를 맡아 주셨다는 이야기는 들어서 알고 있었지만, 샤샤에게 분유 먹이는 모습을 보니 아기 적 자기 모습이 눈에 선하게 떠오르는 것 같았어요. 젖병을 기울이면서 외할머니는 넌지시 엄마에게 말씀하셨어요.

"어미야. 내가 샤샤 클 때까지 키워 줄까?"

"정말요?"

엄마는 귀찮은 업둥이를 맡기게 되어서 기쁜 얼굴로 대답했어요. 하지만 나나는 꼬물꼬물 우유를 먹으며 자신의 손가락을 앞발로 잡고 꼭꼭 누르던 조그만 샤샤의 모습이 떠올랐어요. 외할머니도 사랑하지만 이제 할머니께 샤샤를 맡기고 나면 다시는 샤샤의 귀여운 모습을 볼 수 없다는 생각에 나나는 갑자기 눈물이 핑 돌았어요. 기다렸다는 듯이 냉큼 대답해 버리는 엄마가 미웠어요. 나나는 슬그머니 일어서서 방으로 들어와 버렸어요. 잠시 후 엄마가 들어왔어요.

"나나야, 할머니가 너보다 샤샤를 더 잘 길러 주실 거 같은데?"

나나의 눈에서 눈물이 톡 떨어졌어요.

"하지만……. 샤샤는 내가 데려왔단 말이에요. 이름도 내가 짓고……."

나나는 으앙 하고 울음이 터졌어요. 마침 밖에서 누가 다가오는 발소

리가 나자 엄마는 얼른 나갔어요. 나나는 심술이 나서 도희 언니에게 문자를 보냈어요.

"엄마, 미워! 내 마음도 몰라 주고. 내가 얼마나 샤샤를 사랑하는데, 나한테 한 번 묻지도 않고 외할머니께 샤샤를 키워 달라고 주신대."

그러자 미소 짓는 아이콘이 돌아왔어요.

"속상하겠다. 그런데 이렇게 생각해 봐."

도희 언니가 외할머니가 샤샤를 기르는 게 왜 좋은지 설명했어요. 도희 언니는 참 말재주가 좋았어요. 남을 설득하는 능력도 대단했지요. 하지만 아무리 옳은 소리를 해도 지금 나나의 귀에는 한 마디도 들어오지 않았어요. 나나의 눈에서 또 눈물이 흘러내렸어요. 누가 이런 모습을 볼까 봐 나나는 얼른 문을 잠갔어요.

잠시 후, 누군가 방문을 똑똑 두드렸어요. 나나는 얼른 눈물을 닦고 문을 열었어요. 그러자 외할머니가 들어와 나나에게 조심스럽게 샤샤를 안겨 주셨어요.

"나나야. 새끼 고양이가 잠이 들었다. 참 귀엽지?"

새근거리는 모습을 보자 또 눈물이 날 것 같았어요. 할머니는 나나의 머리를 쓰다듬어 주며 말했어요.

"난 아무래도 집을 지키는 강아지를 키우는 게 낫겠어. 여기서 멀지 않은 곳에 강아지 파는 시장이 있거든? 나나가 제일 예쁜 강아지로 골

나나의 메모

주머니가 얇은 캣맘, 퍼피맘을 위한 팁!

캣맘이든 퍼피맘이든 반려동물을 사랑하는 마음은 다 같아요. 하지만 누구나 반려동물을 키우는 데 드는 돈이 충분히 있는 건 아니에요. 그래서 때로는 강아지나 고양이의 분유 값이 큰 부담이 될 수 있어요. 아주 어릴 때는 설사를 하면 위험하기 때문에 조금 힘들더라도 꼭 강아지용, 혹은 고양이용 분유를 먹이는 게 좋아요. 하지만 이유기가 되어서 불린 사료를 함께 먹기 시작하면 반려동물을 위해 비싼 분유를 매번 사기 어려울 수 있어요. 이럴 때는 사람이 먹는 우유를 조금씩 같이 주면 돼요. 우유를 끓이면 지방과 일부 단백질, 그리고 유당이 치즈처럼 뭉쳐요. 그 덩어리를 걷어 내고 남은 우유는 동물들이 먹어도 큰 탈이 없답니다. 이런 방법으로 아침마다 우유를 끓여서 조금씩 나눠 먹이면 돼요.

라서 데려다 줄래?"

나나의 얼굴이 화끈하게 달아올랐어요. 그동안 심술 부렸던 게 부끄러웠기 때문이에요.

"아니에요, 할머니……. 아무리 생각해도 전, 학교 가야 해서 샤샤를 잘 돌보아 줄 수 없을 것 같아요. 할머니께서 맡아 주세요."

그러자 외할머니는 후후 웃으셨어요.

"네가 돌보다가 아주 힘들어지면 그때 할머니한테 맡겨도 괜찮아."

"할머니~!"

나나는 할머니 품으로 파고들었어요. 매일 똑소리 나는 말만 하는 도희 언니에 대한 심술도 어느새 사라졌지요.

버려지는 반려동물, 그 원인과 대책은?

한때 모든 집 마당에서 뛰어 놀던 강아지들……. 그런데 현대사회가 되면서 마당 있는 집들이 줄어들고 중요한 집의 형태로 아파트가 보급되면서 사람들은 한동안 개 키우는 것을 포기했어요. 그러다가 애완동물, 반려동물이라는 개념이 점점 확산되고, 동물을 기르는 것도 서구화되면서 본격적으로 마당이 아닌 현관 안에서 기르게 되었지요. 하지만 원래 밖에서 살았던 동물들이 사람들과 같은 공간에서 같이 생활하다 보니 다음과 같은 문제점이 생겼어요.

첫째, 배변 훈련이 어려워요.
둘째, 가족 중에 동물 털 알레르기를 앓는 사람이 있어요.
셋째, 휴가나 출장 등 피치 못하게 집을 떠날 때 동물을 돌보아 줄 사람이 없어요.
넷째, 반려동물을 키우려면 어느 정도 비용이 들어요.
다섯째, 동물이 자라면 너무 커지거나 병이 들 수 있어요.

그 외에도 많은 문제점이 있지만 다섯 가지 이유가 가장 큰 비중을 차지하지요. 그러면 이러한 문제를 어떻게 해결해야 할까요?

반려동물을 키우려고 할 때는 준비를 철저히 해야 해요. 우선 반려동물을 입양하기 전에 반드시 가족 모두의 찬성을 받아야 해요. 그렇지 않으면 대소변 문제, 동물 털 알레르기 등으로 반려동물을 학대하거나 버리는 결과를 가져올 수 있어요. 둘째, 아기가 변을 가리고 스스로 밥을 먹을 때까지 엄마가 돌보는 것처럼, 반려동물도 사랑하는 마음으로 잘할 때까지 훈련시키고 기다려 주는 인내심이 필요해요.

하지만 온가족이 찬성했더라도 문제는 다시 불거질 수 있어요. 동물은 생명체이기 때문에 우리처럼 병을 앓기도 하고 다치기도 해요. 그러면 동물은 사람처럼 의료보험이 되지 않기 때문에 병원비가 아주 많이 들어요. 또 급할 때 반려동물을 맡길 친지들이 없다면 애견 호텔이나 고양이 호텔에 맡겨야 해요. 우리나라는 아직 반려동물을 배려

하는 사회가 아니라서 호텔 등 숙박시설이나 음식점에 함께 들어갈 수 없어요. 처음에 반려동물의 입양을 결정할 때에 이 모든 점을 미리 염두에 두고, 그럼에도 불구하고 꼭 반려동물을 키우고 싶다면 철저하게 대비를 한 후 입양하세요.

반려동물을 버리는 문제, 대책은 없을까요?

우선 반려동물에 대한 사람들의 생각을 바꾸어야 해요. 현재 우리나라의 동물보호법은 반려동물을 재산으로만 인정하기 때문에 이웃이 남의 반려동물을 해코지하거나 심지어 죽여도 돈으로 계산해서 물어주고 나면 용서가 돼요. 하지만 반려동물도 기르는 사람들에게는 가족인 만큼 강력한 사회적 제재가 필요해요. 또한 동물도 사람처럼 의료보험을 적용할 필요가 있어요. 동물병원 입장에서는 동물에게 의료보험을 적용하면 수입이 준다고도 해요. 하지만 그런 현상은 비용 때문에 반려동물을 포기하거나 병원에 데려가지 않았던 사람들이 병원을 찾게 되어 곧 해결될 거예요. 유기동물 문제는 사회적으로 책임질 수도 있어요. 가난해서 반려동물을 구할 수 없었던 사람들과 버림받은 동물들을 연결시키는 사회적 제도를 만들어 나가면 되니까요.

퀴즈
고양이들의 이름을 알아맞혀 보세요.

① 코숏
② 스코티쉬 폴드
③ 샤바나
④ 러시안 블루
⑤ 노르웨이 숲 고양이

정답

2장
반려동물 구하기

미션 3. 외할머니의 반려견을 찾아라!!

"호박엿이요, 호박엿!"

울긋불긋한 옷을 입은 아저씨가 가위를 철컥거리면서 외쳤어요. 이런 시장은 어렸을 때 엄마 아빠랑 같이 와 본 적이 있지만 초등학교에 들어온 후에는 처음이에요. 오랫동안 와 보지 못했는데 전보다 더 붐비는 것 같았어요. 한쪽에서는 커다란 트럭에 철창을 가득 쌓아 놓고 동물들을 팔고 있었어요.

"나나야, 애 좀 봐. 너무 귀엽지?"

하얀 새끼 백구들이 추운지 서로서로 몸을 붙이고 잠들어 있어요. 가끔 가늘게 눈을 뜨고 올려다보는 녀석도 있었지만 대부분은 자고 있었지요. 다음 바구니에는 마치 사막여우처럼 귀가 봉긋한 강아지가 있었어요. 제비나비 날개처럼 까맣고 뾰족한 귀가 귀여웠어요. 자세히 보니 눈을 뜨고 있었는데, 귀에 까만 무늬가 있어서 구슬처럼 동글동글한

눈이 처음엔 보이지 않았어요. 아! 정말 결정하기 힘드네요. 백구도 귀엽고, 시베리안 허스키도 너무 복스러워 보이고……. 대체 어느 녀석을 데려가야 하는지……. 모두들 자고 있는 중에도 나비처럼 귀를 팔랑거리는 녀석이 있었어요. 녀석의 동그란 눈은 마치 기다리고 있었다는 듯이 계속 나나를 지켜보고 있었어요.

"이 강아지는 이름이 뭐예요?"

나나가 묻자 장사꾼 아주머니가 말했어요.

"빠삐용!"

이번에는 엄마가 아주머니께 물었어요.

"빠삐용이요? 그거 프랑스 말로 나비라는 뜻인데?"

아주머니가 웃으면서 고개를 끄덕였어요.

"맞아, 맞아. 그래서 그랬구나."

"네?"

"이 녀석을 맡긴 아주머니가 이거 유럽에서 귀족들만 키우던 개고, 뭐 나비 어쩌구 하더라구. 이거 애완동물 가게에 가면 100만 원도 훨씬 넘는댜~! 그런데 옆집이라서 그냥 데려왔어요. 개가 새끼를 낳고 또 낳고 해서 집이 동물농장이 됐다고 혀서."

엄마가 깜짝 놀랐어요. 그렇게 유명하고 비싼 강아지를 사려던 게 아니었으니까요.

"저는 그렇게 비싼 강아지는 살 수 없어요."

그러자 아주머니가 하하 소리를 내며 웃었어요. 대개 시골장터에서 파는 강아지들은 만 원, 이만 원 정도 받는데. 이 강아지는 굉장히 비쌌어요. 그래도 마치 "엄마아~!" 하고 부를 것처럼 쳐다보는 강아지를 외면할 수가 없었어요.

"엄마, 우리 빠삐용 사 가면 안 돼요?"

엄마는 고개를 저었어요. 나나는 수첩을 꺼내 도희 언니가 가르쳐 준 강아지 고르는 법을 펼쳤어요. 아주머니의 노점을 꼼꼼히 둘러본 나나는 잠시도 눈길을 돌리지 않고 자신을 바라보는 빠삐용 강아지를 가리켰어요.

"엄마, 저 빠삐용 강아지가 가장 건강한 것 같아요."

동물박사 도희의 한마디 도움말~!

반려동물을 입양할 때 주의해야 할 점은?

반려동물이 일단 가족이 되고 나면 우리가 보내는 하루하루는 반려동물에게 영향을 받아요. 반려동물이 아프면 가족 모두 치료에 매달려야 해서 비용도 들고 마음도 아프고 또 시간도 많이 투자해야 하지요. 그래서 가족이 되기 전에 어떤 반려동물을 선택할 것인지 꼼꼼하게 따져 봐야 한답니다.

눈: 눈꼽이 많이 끼어 있거나 눈물이 계속 흘러내린다면 안과 질환을 의심해 봐야 해요. 물론 다른 전염병이나 호흡기 질병을 앓은 결과 눈에 영향을 미쳐서 그럴 수도 있어요.

코: 코가 바싹 말라 있는 것보다 촉촉하고 차가운 느낌이 들어야 해요. 콧물이 난다면 감기나 기타 병에 걸렸을 가능성이 높아요. 숨을 쉴 때에 소리가 나는 것도 호흡기 계통의 병이 있는 증세니 숨소리에도 귀 기울여 주세요.

그 외: 잇몸이 옅고 선명한 분홍색이면서 이가 깨끗해야 해요. 또 입에서 냄새가 나지 않아야 하죠. 털은 빽빽하게 숱이 많고 윤기가 흘러야 건강한 거예요. 또, 배가 이상하게 볼록하다면 장염이 있거나 기생충이 많을 수 있어요.

이걸 모두 알면서도 아픈 강아지나 고양이, 혹은 유기견, 유기묘를 데려다 치료해 주고 싶다면 더 좋은 일이지요. 하지만 바쁘고 경제적으로 어려워서 반려동물을 위해 많은 시간을 낼 수 없다면 처음부터 건강한 동물을 고르는 게 가장 좋은 방법이랍니다.

반려동물 구하기

"그래?"

엄마도 꼼꼼히 빠삐용을 살펴보았어요.

"정말 그렇구나. 그런데 나나는 어떻게 알았어? 정말 용하네?"

도희 언니에게 배운 게 외할머니의 가족이 될 반려견을 선택할 때 도움이 됐다는 사실이 뿌듯했어요. 자신을 데려간다는 사실을 안 것인지 강아지가 꼬리를 치기 시작했어요. 나나는 새끼 빠삐용을 수건으로 감싸 안으면서 행복감에 젖었어요. 얼마나 연약하고 얼마나 친근해 보이던지요.

그때 요란한 소리가 들렸어요.

"이거, 뭐 하는 짓이야? 우리 밥줄 끊어 놓으려고 작정했어?"

어떤 사람 입에서는 거친 소리도 나왔어요.

"부모 잘 만나서 배부르고 등 따시니까 무슨 말 같지도 않은 소리여?"

나나는 깜짝 놀라 새끼 빠삐용이 놀라지 않도록 가슴에 꼭 껴안았어요. 경찰이 호각을 불고 사람들이 우르르 어디론가 몰려가고 난리였어요. 혼잡한 곳에서 서로 헤어질까 봐 엄마는 나나의 팔을 꽉 잡았어요.

"무슨 일이에요?"

"글쎄, 조금 물러나서 확인해 보자꾸나."

시장 가운데 대학생 언니 오빠들이 이상한 옷을 입고 연극을 하는 것처럼 보였어요. 커다란 철창 안에서는 강아지 옷을 입은 언니들이 엎드

려 있고 밖에서는 채찍을 든 오빠들이 철창을 향해 휘두르는 시늉을 했어요. 또 피켓을 든 언니들이 오른손으로 주먹을 쥔 채 위로 힘차게 뻗으며 구호를 외쳤어요.

"개 식용 반대한다!"

"반려동물 식용 문화, 문화 발전 저해한다."

"동물 학대 이제 그만!"

대학생 언니 오빠들만 구호를 외치는 게 아니었어요. 반대쪽에서는 시장 상인들이 피켓을 들고 언니 오빠들이 외칠 때마다 맞받아치면서 소리쳤어요.

"생존권 보장하라~!"

"개고기 합법화하라~!"

이 모습을 바라보던 엄마가 땅이 꺼져라 한숨을 푹 쉬었어요.

"이 사람 말을 들으면 이 사람 말이 맞고, 저 사람 말을 들으면 저 사람 말이 맞고~!"

나나는 엄마 말이 이해되지 않았어요.

'저 사람 말을 들으면 저 말이 맞다고? 쳇! 강아지를 먹는 건 무조건 야만인이야.'

빠삐용을 꼭 껴안으면서 나나는 속으로만 외쳤지요. 집으로 돌아오는 차 안에서 나나는 도희 언니에게 전화를 걸었어요.

"언니~! 우리 강아지 샀다."

"정말? 좋겠다. 너는 고양이도 있고, 강아지도 사고~!"

동물 박사 도희 언니가 자신을 부러워하다니. 나나는 점점 기분이 좋아졌어요.

"언니는 동물 박사면서 왜 강아지를 안 사?"

"그러게~! 나도 유치원 때는 키웠는데, 지금은 외갓댁에 보냈어."

"왜?"

"우리는 엄마 아빠 모두 직장 다니시잖아? 전에는 우리 고양이를 내 손으로 돌보았는데, 이제 고등학교 준비 때문에 학원도 많이 다니고, 내신 점수 때문에 봉사활동도 해야 하니까."

도희 언니가 시무룩하게 대답했어요.

"그러면 언제든 우리 집에 와서 샤샤 보고 가."

도희 언니의 웃는 소리가 들려왔어요. 웃으면 갑자기 해바라기처럼 환해지는 도희 언니의 얼굴이 떠올랐어요.

"나도 반려동물을 다시 데려올까 생각 중이야. 공부하느라고 지쳤을 때 아무도 내 기분을 알아주지 않거든. 아무리 열심히 해도 더 열심히 하라고 하고, 2등을 하면 1등을 하라고……."

도희 언니의 목소리가 오늘따라 쓸쓸하게 들렸어요. 방 청소를 안 할 때 벌을 세우기는 해도 공부만 하라고 혹은 더 잘 하라고 잔소리하지 않는 엄마가 고마웠어요.

"하지만 언니네 부모님, 아직도 직장 다니시잖아? 언니는 여전히 학원도 가고 봉사활동도 다녀야 하고."

"다 생각이 있지. 반려동물에는 강아지나 고양이만 있는 게 아니거든. 바쁜 사람들이 키울 수 있는 동물도 있다고."

덩달아 나나가 신이 났어요. 고양이, 강아지 외에 도희 언니가 다른 반려동물을 산다면 가까이서 마음을 나눌 동물 친구가 하나 더 늘게 될 테니까요.

데모하는 사람들을 지나쳐서 나나와 엄마는 새로 산 빠삐용 강아지를 데리고 할머니 댁으로 향했어요.

샤샤는 외할머니가 타 주신 우유를 먹고 새근새근 잠들어 있었지요.

"할머니, 보세요~! 제가 골랐어요."

동물박사 도희의 한마디 도움말~!

꽃처럼 화려한 관상어

바쁜 현대인들은 사실, 반려동물을 돌보고 함께 지낼 시간이 부족해요. 학생들은 학교나 학원에도 가야 하고 어른들은 대개 직장 생활을 하니까요. 이럴 때는 살아갈 수 있는 환경을 만들어 주고 휴일 등에 정기적으로 돌보기만 하면 키울 수 있는 관상어도 좋아요. 살아 있는 생물이 함께 같은 공간에 있는 것만으로도 위안을 얻을 수 있거든요! 특히 관상어의 좋은 점은 여행을 가거나 출장을 가도 산소공급장치나 물갈이 장치만 해 주면 큰 염려가 없다는 거예요. 또 한 가지는 서로 경쟁하고 사랑하고 미워하기도 하면서 살아가는 작은 세상을 한눈에 살펴볼 수 있어, 수조라는 조그만 세상을 관찰하면서 깨닫는 점도 많다는 것입니다. 나쁜 점이라면 교감이 이루어지기가 쉽지 않아 진정한 의미의 반려가 되기 어렵다는 것이지요.

애교 만점 앵무새

사랑앵무, 왕관앵무 등은 아름다운 새소리를 들을 수 있을 뿐 아니라 대화도 가능하대

요. 앵무 외에 문조나 십자매 등도 많이 키우는 새들이지요. 이 새들은 보통 5년~10년 정도 산다고 해요. 서로 교감을 나누기도 훨씬 쉽고 먹이와 필요 용품 가격도 강아지나 고양이에 비해서 비교적 싸답니다.

특별한 매력을 지닌 파충류와 거북

최근에는 거북, 도마뱀, 뱀 같은 파충류도 반려동물로 많은 사랑을 받고 있어요. 이 중에서 거북이는 우리에게 익숙하고 온순한 파충류라 기르는 사람이 많아요. 육지 거북이는 자주 돌보지 않아도 되고 물 밖으로 나와 돌아다니기 때문에 기르는 사람과 교감을 나누기 좋은 데다 또 수명도 길답니다. 기를 때 비용도 그리 많이 들지 않아요. 커먼 머스크 터틀이나 별거북, 보석거북처럼 성체 크기가 15~25센티미터 정도 되는 종은 수조가 작아도 되니 별 걱정이 없어요. 그런데 몸길이가 7센티미터가 안 되는 어린 거북이는 이유도 모른 채 갑자기 죽는(돌연사) 경우가 많대요. 그러니 조금 자란 거북이

를 구하는 게 좋아요. 먹이는 사료도 있지만 대개 민들레나 각종 쌈야채, 클로버, 심지어는 선인장까지 먹는다고 해요. 어릴 때는 육식도 좀 하지만 클수록 채식을 한대요.

주인에게는 가시를 숨기는 고슴도치

고슴도치는 우리나라 전국의 산과 들에 사는 동물이에요. 적이 나타나면 몸을 공처럼 둥글게 말고 가시를 곤두세워서 막아내지요. 하지만 주인은 냄새로 알아보고 가시를 세우지 않는대요. 고슴도치 수명은 평균 5년 정도 되지만 관리를 잘 해 주면 훨씬 오래 산대요. 또 영리해서 자신을 돌보아 주는 주인의 손 위에 올라가 재롱을 피우기도 하고 잠도 잔답니다. 요즘은 특수한 동물을 키워 보고 싶어 하는 사람들이 많아져서 고슴도치를 사육하는 도구, 먹이 등을 애완동물 가게나 동물병원, 대형 슈퍼마켓 등에서 살 수

있어요.

학습에도 좋은 장수풍뎅이

사슴벌레나 장수풍뎅이 같은 곤충들은 생물이 자라는 모습을 관찰하고 싶은 어린이들에게 권하고 싶은 반려동물입니다. 비용도 크게 들지 않아 어린이들이 용돈을 아껴 구입할 수도 있어요. 심부름 등을 해서 용돈을 모은 다음 녀석들에게 필요한 용품을 사게 하면 아이들에게 좋은 교육이 되겠죠?

장수풍뎅이

사슴벌레

할머니는 빠삐용 강아지를 보자 환하게 웃으셨어요.

"세상에! 무슨 강아지가 꼭 여우처럼 생겼누?"

"『어린왕자』에 나오는 사막여우 닮았지요?"

"그렇네~! 우리 나나가 반려동물 고르는 눈이 보통이 아닌걸?"

나나는 외할머니께 드리려고 강아지를 품에서 내려놓았어요. 그러자 강아지가 깽깽거리면서 울기 시작했어요.

"어미가 그리워서 우는구나."

할머니는 가엾어하며 강아지를 안았어요. 그러자 강아지는 언제 그랬냐는 듯이 울음을 그쳤어요. 나나는 할머니의 미소를 잠시 바라보다가 조심조심 말했어요.

"이제, 우리 샤샤는 데려가도 되지요?"

이번에는 엄마가 나나의 표정을 살피면서 말했어요.

"어……, 그러니까……, 우리 샤샤가 혼자 밥도 먹고 물도 마시고 또 응가도 할 수 있을 때까지만 할머니께 맡기면 안 될까?"

나나는 입을 쭉 내밀고 아무 말도 하지 않았어요. 왜 그렇게 정성 들여 예쁜 강아지를 골랐는지 엄만 정말 모르나 봐요. 외할머니가 키우실 반려동물이니까 그러기도 했지만 샤샤를 데려오기 위해 그랬다는 것을 말예요. 사실, 어른들은 반려동물을 옛날 방식으로 키울 가능성이 높아서 더 마음이 내키지 않았어요. 요즘은 고양이용 사료들이 다양하게 나오지만 엄마가 어릴 때만 해도 강아지나 고양이는 사람들이 먹다 남긴 밥을 먹거나 심지어 김치나 고추장처럼 독한 양념이 섞인 음식이나 쥐를 잡아먹어야 할 때도 있었으니까요. 엄마가 나나의 생각을 읽었는지 얼른 덧붙였어요.

"너 내일부터는 태권도 학원도 가야 하잖아. 엄마는 회사에서 저녁 돼야 오고."

생각해 보니 맞아요.

"이빨도 안 난 어린 고양이가 혼자 종일 집에 있다고 한 번 생각해 봐, 너는 학교 갔다 와서 귀여운 모습 보면 장난감처럼 재미있고 좋겠지만, 배고프고 춥고 무서운 집에서 혼자 울고 있을 샤샤를 생각하면 외할머니댁에 맡기는 게 백번 옳은 거야."

사실, 태권도 학원에 등록한 어제도 엄마가 샤샤를 직장에 데리고 갔지 뭐예요.

"샤샤가 새끼니까 망정이지, 조금 더 커서 이리저리 돌아다니고 지금처럼 우리가 변을 받아내지 않고 화장실을 만들어 줘야 하면 이제 엄마도 직장에 데려갈 수 없어."

엄마의 말에 나나는 고개를 끄덕여 보였지만 속으로 다짐했어요.

'샤샤가 두 달만 되면 정말 내 손으로 기를 테야.'

나나의 메모

사람들이 가장 아끼는 반려동물인 개와 고양이 종류에 대해 알아볼까요?

◆ 반려견

① 치와와

성견 기준으로 1.5~3킬로그램 정도밖에 안 되는 작은 강아지인데, 수명이 길고 튼튼해요. 작고 영리하며 애교가 많아 아파트에서 많이 기른답니다. 치와와의 평균 수명은 13.2년이에요.

② 잭 러셀 테리어

영국에서 사냥개로 개발된 종으로 아주 건강하고 활동량이 많아요. 놀이를 좋아하는 어린이들과 함께 산책을 하면 아주 즐거울 거예요.

③ 시츄

명나라 왕실에서 기르던 개로, 시츄란 중국어로 '사자개'라는 뜻이래요. 사람을 잘 따르는데, 먹보라 비만 관리에 힘써야 해요.

④ 토이푸들

푸들이 워낙 사랑을 받다 보니 함께 먹고 자고 뒹굴며 놀고 싶어 하는 어린이들을 위해 푸들의 모든 장점을 다 가진 아주 작은 강아지로 토이푸들이 개발되었어요. 수명은 푸들보다 훨씬 길답니다.

⑤ 포메라니안

예쁘고 귀엽지만 무릎이 약한 게 흠이에요. 슬개골탈구라는 병에 잘 걸리니 어릴 적부터 관절을 잘 관리해 주어야 해요.

⑥ 비글

비글은 '스누피'라는 캐릭터로 유명한 강아지예요. 성격이 온순하고 착해서 사람들에게 복종하고 괴로운 것도 잘 참아서 실험 동물로 가장 많이 쓰인대요.

⑦ 말티즈

털이 길어서 자주 깎아 주어야 해요. 하지만 속털이 없고 털도 잘 빠지지 않아서 실내에서 키우기에 아주 좋아요. 말티즈는 눈병에 잘 걸린대요. 털이 많아 진드기나 벼룩이 잘 생길 수 있어서 귀 청소도 정기적으로 해 주어야 해요.

⑧ 닥스훈트

허리가 길고 다리가 짧으며 윤기가 흐르는 검은 털이 아주 귀여워요. 허리가 길어 척추질환이 생길 수 있으니 조심해야 해요.

⑨ 미니어처 슈나우저

슈나우저는 원래 독일에서 개발된 양몰이 개로 온순하면서도 책임감이 강해요. 미니어처 슈나우저는 슈나우저를 작게 개량한 거예요. 비만과 성인병에 걸리지 않도록 돌보아 주면 어린이들에게는 아주 좋은 친구가 될 거예요.

⑩ 빠삐용

빠삐용은 프랑스어로 '나비'라는 뜻이에요. 귀가 펼쳐진 나비날개처럼 커다랗고 바짝 서 있지요. 성격은 온순하지만 어리광을 잘 부리는 성격이에요. 운동을 많이 시켜야 하는 종이지요. 수명은 13년~15년이에요.

◆ 반려묘

① 아비시니안

아비시니안은 유쾌하고 활동적이며 '개냥이(강아지처럼 사람을 잘 따르는 고양이)'라고 부를 정도로 애교가 많죠. 우는 소리가 피리소리처럼 아름다운데, 음악도 좋아해서 음악이 흘러나오면 즉각 반응을 보여요.

② 아메리칸 숏헤어

북아메리카로 떠나는 메이플라워 호에서 쥐를 잡기 위해 태운 고양이의 후손이에요. 최악의 조건에서 살아남은 고양이이므로 건강하고 추위, 더위에 모두 강해요. 수명은 15년~20년이에요.

③ 사바나캣

한 마리에 3000만 원까지 나가는 몸값 때문에 한국에서는 키우는 사람이 거의 없지만 인기는 만점이에요. 아프리카 살쾡이와의 잡종이기 때문에 행동이 날쌔고 몸도 아주 건강해요.

④ 러시안 블루

청회색 털을 가진 아주 온순한 고양이예요. 순수 고양이 혈통으로서는 아주 오래 사는 장수고양이래요.

⑤ 노르웨이 숲 고양이

노르웨이 숲에서 자연발생한 종으로 추위를 거의 타지 않아요. 털이 아주 긴 장모종에 속해요. 자연적으로 발생된 종이기 때문에 병이 거의 없을 정도로 튼튼해요. 평균 수명은 15년이에요.

⑥ 삼색고양이 칼리코

일본에서는 고양이가 복과 돈을 가져온다고 해서 사랑을 받지요. 특히 흰색, 검은색, 갈색 무늬를 가진 삼색고양이는 그중 으뜸으로, 가장 인기가 있어요.

⑦ 스코티쉬 폴드

영국에서 개발된 종으로 애교 많고 얌전해요. 귀가 접혀 있는 것이 특징이지요. 대표적인 개냥이 중의 하나로 한국에서 가장 사랑받는 고양이 종류랍니다. 평균 수명은 11~14년이에요.

⑧ 페르시안

페르시아 왕실에서 기르던 고양이의 후손이에요. 털이 긴 장모종이고 여러 가지로 세심하게 돌보아 주어야 할 품종이지만 더위에 아주 강하죠. 평균 수명은 15년으로 긴 편이에요.

⑨ 코숏

코숏은 한국 토종 고양이를 부르는 이름이에요. 아메리칸 숏헤어에 빗대서 코리안 숏헤어를 줄여 부르는 이름인데 정식 명칭은 아니에요.

개 고양이 식용문화가 나쁜 걸까?

우리의 오랜 식문화를 단순한 서양의 논리로 재단해서는 안 되지 않을까?

프랑스에서는 부드럽고 맛있는 거위 간 요리(푸아그라)를 먹으려고 거위를 좁은 공간에 꼼짝 못 하게 가둬 놓은 후 강제로 부리에 먹이를 잔뜩 주입해서 키워요. 거위의 건강에는 아주 나쁘지만 잡아먹을 때 부드럽고 맛있는 지방간을 얻으려고 강제로 과식을 시키는 거예요. 닭도 싸우면 상처가 나서 고기의 상품성이 떨어질까 봐 부리 끝을 자르기도 해요. 인도에서는 살아 있는 원숭이의 골을 파먹고, 중국도 우리처럼 개를 식용으로 이용하는데 유독 우리나라에서만 문제가 되는 건 이상한 일이에요.

우리가 단순히 개를 식용으로 한다는 사실만으로 우리 고유문화를 비난한다면 남의 나라 식문화를 자기들 잣대로 재단하려는 편협한 사고방식이라고 반박할 수 있어요. 하지만 예를 든 식문화는 중국을 제외하면 현대사회로 넘어오면서 모두 금지되었다고 해요.

옛날에는 약이나 영양가가 높은 음식을 구하기가 힘들었고 특히 서민들은 마음껏 고기를 먹지도 못했기 때문에 어쩔 수 없이 집에서 키우던 개를 식용할 수도 있었어요.

하지만 요즘은 먹을 것도 많고 약도 쉽게 구할 수 있어요. 병원도 누구든 갈 수 있고요. 그런데 사람을 가족으로 생각하며 함께 살아가는 반려동물들을 꼭 먹어야 할까요? 외국 사람들의 말에 상관 없이 그것이 전통문화라고 해도 소중한 생명을 짓밟는 일이라면 한번 생각해 봐야 해요.

똑같이 고통을 느끼고 똑같이 비인도적인데 소고기, 돼지고기, 닭고기는 마음대로 먹어도 괜찮아요?

소는 농사를 짓는 데 도움을 주고, 우유도 제공해 주는 우리에게 아주 친숙한 동물이에요. 또 돼지는 아이큐가 굉장히 높대요. 하지만 우리는 소고기나 돼지고기는 마음대로 먹어요. 그나마 소나 돼지는 축산 현대화가 이루어져서 개들보다 훨씬 좋은 환경에서 사육돼요. 그리고 그들에게 특화된 방법으로 가능한 한 고통을 최소화한 상태에서 도살되지요. 그러나 개들은 그렇지 못해요. 사료 값을 아끼려고 상한 잔반을 식당 같은 데서 얻어다 먹이므로 위생 상태도 좋지 않아요. 게다가 그런 걸 먹고 병이 날까 봐 어마어마한 항생제를 먹이죠. 결국 나쁜 효과는 부메랑이 되어서 우리에게 돌아오게 되어 있어요.

앞으로는 영양도 맛도 천연식품과 똑같은 음식을 대량으로 생산해 낼 수 있대요. 소나 돼지나 닭이나 다 소중한 생명이므로 과학의 도움을 받아 언젠가는 살아 있는 동물을 잡아먹지 않아도 되는 날이 오게 해야겠지요.

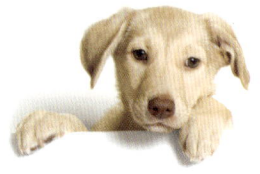

퀴즈

개들의 이름을 알아맞혀 보세요.

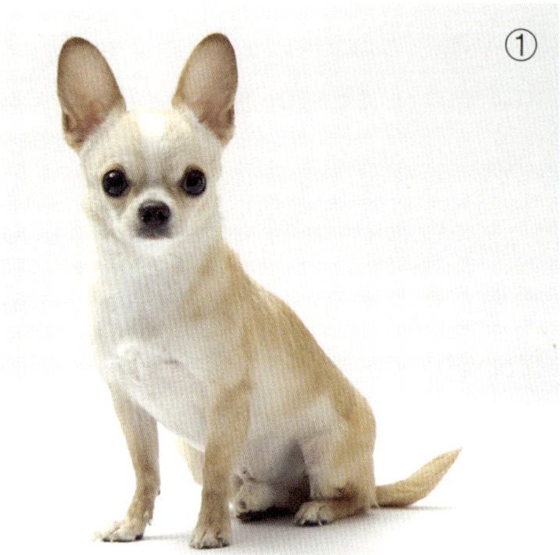

①

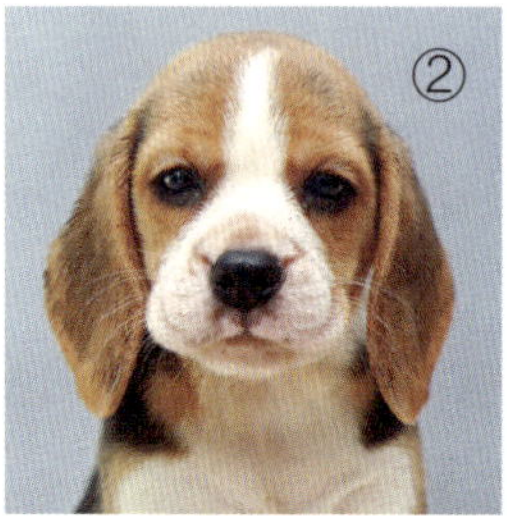

②

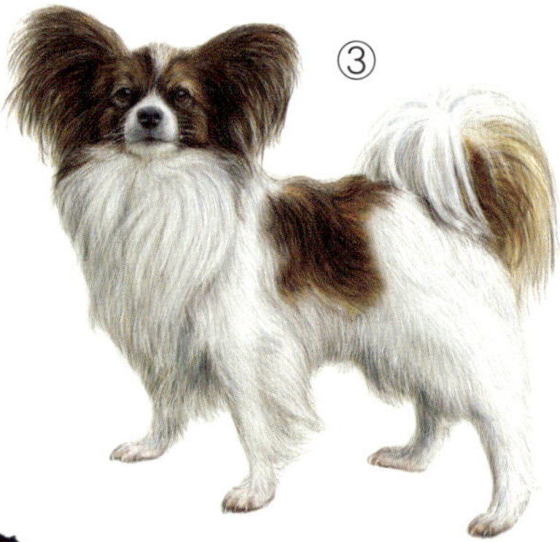

③

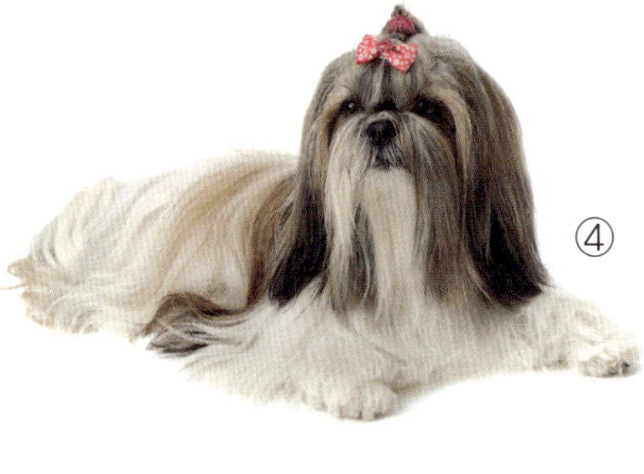

④

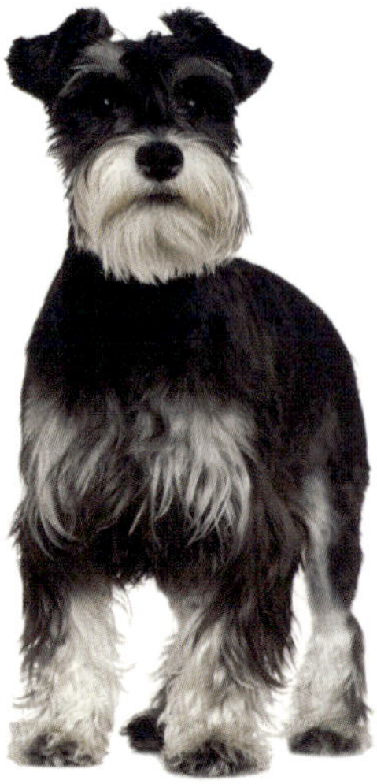

⑤

정답

① 치와와
② 비글
③ 빠삐용
④ 시츄
⑤ 미니어처 슈나우저

3장
반려동물 기르기

학교에서 돌아오는 길에 친구 미희가 나나를 부르며 달려왔어요.

"나나야! 같이 떡볶이 먹으러 가자."

와~! 떡볶이~! 그동안 얼마나 먹고 싶었는지요.

"그럴까? 어디 갈래?"

막 앞서서 걸으려던 나나의 머리에 갑자기 샤샤가 떠올랐어요. 엄마가 직장에 가셨기 때문에 샤샤는 빈집에서 혼자 울고 있을 거예요. 나나는 갑자기 고개를 저으며 뒷걸음질을 쳤어요.

"미희야, 미안! 엄마 심부름해야 하는 걸 깜빡 잊었어."

"무슨 심부름? 같이 가자. 내가 도와줄게."

미희의 마음이 굉장히 고마웠어요. 그래서 비밀을 말해 버릴 뻔했지 뭐예요? 하지만 당분간은 아무에게도 말하지 않기로 했어요. 새끼 고양이가 집에 있다는 말을 들으면 친구들이 모두 와서 한 번씩 쓰다듬어

볼 게 틀림없어요. 하지만 아직 샤샤는 너무 어려서, 많은 아이들이 쓰다듬으면 나쁜 병에 걸릴 수도 있고 탈이 날지도 몰라요. 나나는 고개를 저었어요.

"미안! 엄마 사무실에 가야 해서. 내가 나중에 꼭 떡볶이 살게."

말을 마치고 나나는 있는 힘을 다해 달리기 시작했어요. 샤샤가 처음 비오는 날 엄마를 찾아 헤맸던 것처럼 온 집 안을 헤매면서 나나를 찾고 있을지도 몰라요. 나나는 목이 마른 것도, 숨이 찬 것도 잊고 뛰고 또 뛰었어요. 멀리 나나네 아파트 동이 보이자 그제야 마음이 놓였어요.

'내가 아기 적에 엄마도 이런 마음이었겠지?'

새삼 자신을 키워 준 엄마가 고마웠어요. 학교에서 샤샤가 보고 싶어 선생님 말씀이 귀에 잘 들어오지 않았던 것처럼 엄마도 나나 생각에 일하면서도 힘드셨겠지요?

현관에 들어오자마자 샤샤가 야옹거리면서 뒤뚱뒤뚱 나나 쪽으로 기어왔어요. 얼른 화장실로 달려가 손을 깨끗이 씻은 다음 나나는 분유를 타서 샤샤의 입에 물리고 내려다보았어요. 오물오물 먹는 모습이 얼마나 귀여운지요. 분유를 다 먹자 뭐가 그렇게 고단한지 샤샤는 또 잠에 빠져들었어요.

'샤샤야. 언니가 잘 키워 줄게. 무럭무럭 자라야 한다.'

나나는 잠든 샤샤를 담요로 잘 감싸 주고 인터넷, 백과사전 등을 찾아보면서 샤샤를 더 잘 키우기 위해 아기 고양이, 강아지를 키우는 법을 정리해 보았어요.

> **나나의 메모**
> # 반려동물 예방접종하기
>
> ### 강아지 예방접종
> 강아지는 다양한 병에 걸리기 쉬워서 접종해 줄 예방주사가 많아요. 종합백신을 다섯 번이나 접종해야 하지요. 필라리아 예방약도 먹여야 하고요. 필라리아는 선형동물 중 하나로 필라리아가 기생하면 몸에 힘이 없고 심장이 망가지거나, 운동 후에 심하게 기침 발작을 일으키기도 해요. 그 외 피부에 바르는 약도
>
> | 접종 시기 | 예방접종 |
> |---|---|
> | 1차(생후 6주) | 종합백신+코로나 장염 |
> | 2차(생후 8주) | 종합백신+코로나 장염 |
> | 3차(생후 10주) | 종합백신+켄넬코프 |
> | 4차(생후 12주) | 종합백신+켄넬코프 |
> | 5차(생후 14주) | 종합백신+인플루엔자 |
> | 생후 16주 | 광견병+인플루엔자 |
> | 1년마다 추가 접종 ||
>
> 있는데, 진드기를 없애거나 모기가 옮기는 심장사상충(필라리아 일종) 같은 기생충이 침입했을 때 치료해 주는 레볼루션이나 애드보킷 같은 약들이에요. 강아지가 먹지 못하도록 혀로 핥을 수 없는 곳을 찾아 털을 헤집고 분홍빛 피부가 나타나면 그곳에 살살 바르면 돼요.

고양이 예방접종

우리나라에서 고양이에게 접종할 수 있는 예방주사는 세 종류예요. 기본은 3종 종합백신으로 고양이 범백혈구 감소증, 고양이 전염성 비기관지염, 칼리시바이러스 감염증에 대한 예방주사예요. 3종 종합백신에 클라미디아 예방접종을 추가한 4종 종합백신과 여기에 백혈병 바이러스 예방주사까지 맞는 5종 종합백신도 있어요.

고양이 역시 예방접종 못지않게 중요한 게 구충제를 먹이는 거예요. 개회충, 원충 등의 몸 안에 기생하는 기생충은 알벤다졸이나 레볼루션, 애드보킷 등의 약으로 치료할 수 있어요.

레볼루션처럼 몸에 바르는 구충제는 약을 사다가 집에서 발라 주면 좋아요. 하지만 고양이는 아무 데나 함부로 발라 주면 큰일 나요. 깔끔한 동물이라 하루에 몇 번씩 자기 몸 전체를 혀로 핥아서 깨끗이 하거든요. 그때 살충제를 먹으면 아주 위험해요.

그러면 고양이는 레볼루션 같은 약을 발라 준 후 목욕할 때까지 지켜보고 있어야 할까요? 그건 아니에요. 고양이가 아무리 유연해도 고개를 돌리거나 굽혀서 혀로 핥을 수 없는 곳이 있어요. 바로 뒤통수에서 목으로 이어지는 부분이죠. 그곳을 꼬집듯이 살짝 잡고 털을 헤친 후 분홍색으로 드러난 살에 살짝 발라 주면 돼요.

앵무새 예방접종

강아지나 고양이는 예방백신이 많이 나와 있지만 앵무새 같은 조류는 폴리오마 바이러스라고 하는 병에 대한 백신 외에는 아직 실험 단계를 벗어난 약이 없대요. 원래 폴리오마 바이러스는 쥐 같은 동물에 종양을 일으키고, 조류는 털이 빠지는 피부병, 때로는 간부전으로 갑자기 죽는 급사를 일으키기도 한대요.

관상어

아직 관상어에 대한 예방백신은 없어요. 그 외 반려동물들도 마찬가지예요. 관상어 같은 경우는 수조를 깨끗이 소독해 주고 먹이 찌꺼기나 변이 쌓이지 않도록 청결하게 관리하는 수밖에 없어요.

관상어에게 가장 문제가 되는 병은 백점병인데, 기생충이 어류의 몸에 기생하다가 몸 밖으로 나와서 물에서 폭발적으로 증가한 다음, 다시 어류의 비늘 밑 피부에 기생하면서 하얀 점처럼 보이는 거예요. 이 병은 수온이 낮을 때 퍼지므로 수온을 좀 높여 주고 매일매일 수조에 물을 갈아 주는데, 특히 수조 바닥을 깨끗이 닦고 소독해야 해요. 또 백점병에 걸린 관상어가 있으면 그 관상어의 몸에 기생하는 기생충이 물로 나와 불어나기 전에 빨리 격리시켜야 해요.

반려동물 목욕시키기

강아지 목욕시키기

강아지는 평소에 외출을 한 후에는 발을 잘 닦아 주고 따뜻한 수건으로 털에 묻은 먼지를 닦아 주는 게 좋아요. 사람들의 피부는 약산성이지만 개들은 약알칼리성 피부를 가지고 있어서 너무 자주 목욕을 시키면 안 돼요. 한 달에 3~4번 시키는 게 적당하다고 해요.

① 먼저 귀에 물이 들어가지 않도록 잘 막거나, 조심을 해서 몸을 적셔 주어요. 개들은 샤워기에서 나는 세찬 물소리를 두려워한대요. 샤워기를 몸에 바싹 붙여서 소리가 크게 나지 않도록 씻어 주어요.

② 샴푸에 거품을 내서 털을 부드럽게 문질러 씻어 주는데, 털에 샴푸를 짜서 바르기보다는 샴푸를 적당량 덜어서 따뜻한 물에 풀어 개에게 부어가며 거품을 내 주는 게 좋아요.

③ 피부에 남지 않도록 샴푸를 깨끗이 헹구고 흡수력이 좋은 수건으로 몸을 잘 닦아 주어요. 수건으로 닦기 전에 개가 스스로 몸의 물기를 떨어 없애도록 하면 말리기가 훨씬 쉬워진답니다.

④ 개가 놀라거나 데지 않도록 헤어드라이어를 가장 약한 세기로 해서 개의 털을 완전히 말려 주세요.

고양이 목욕시키기

고양이는 개와 달리 행동이 잽싸면서도 조심스러워서 몸을 함부로 더럽히지 않아요. 뿐만 아니라 종일 자신의 몸을 까끌까끌한 혀로 핥아 다듬지요. 개들이 목욕을 안 시키면 몸에서 비린내가 나는 것과 달리 고양이는 거의 냄새가 나지 않아요. 고양이는 한 달에 두 번 정도 목욕을 시켜 주면 좋아요. 고양이는 어떤 반려동물보다도 대화가 필요해요. 목욕하는 걸 두려워하지 않도록 편안하게 대해 주고 말을 잘 안 듣는다고 야단을 치면 절대 안 돼요. 조금이라도 시키는 대로 하면 아낌없이 칭찬해 주세요. 그러면 고양이는 놀라울 정도로 얌전하게 목욕하는 걸 돕는답니다.

① 고양이는 털이 빽빽하게 피부를 보호하고 있기 때문에 물이 잘 스며들지 않으므로 스폰지를 이용해서 푹 적셔 주어야 해요. 샤워기를 쓸 때는 물 온도를 약간 따뜻하게 맞추어서 약하게 틀어 적셔 주세요.
② 대야에 물을 조금 받아 고양이용 샴푸를 잘 푼 다음 온몸을 마사지하듯이 거품을 내서 닦아 주세요.
③ 따뜻한 물을 대야에 담아 비누기가 완전히 빠질 때까지 여러 번 헹궈 주세요. 샤워기를 사용해도 되는데 이때에는 물 온도를 잘 맞추고 너무 세지 않게 조절한 다음 귀에 물이 들어가지 않도록 조심해서 물을 뿌려 주세요.
④ 샴푸를 깨끗이 헹궈낸 다음 흡수력이 강한 수건으로 잘 비벼 물을 닦아 주세요.
⑤ 헤어드라이어에서 나는 소리가 고양이들이 적을 만났을 때 위협하기 위해 지르는 소리인 '하악' 소리와 주파수가 거의 같대요. 가장 약한 세기로 맞춰 고양이가 놀라지 않도록 한 뒤 보송보송하게 말려 주세요.

펫샵이 느는 게 좋은 일일까?

동물들에게는 새끼를 낳는 기간이 정해져 있어요. 때문에 예전에는 겨울에 강아지와 새끼 고양이를 구하기가 어려웠어요. 그런데 요즘은 한겨울에도 강아지와 고양이가 펫샵(애완동물가게)에 넘쳐나고 있어요. 어떻게 그럴 수가 있을까요? 강아지나 고양이들이 돌연변이를 일으킨 것일까요?

혹시 '수요공급의 법칙'이라고 들어 봤나요? 어떤 '재화'(물건을 경제학에서 이렇게 불러요)를 구하고 싶어 하는 것을 '수요'라고 해요. 또 그런 수요가 있다는 것을 알고 원하는 재화를 가져다주는 것을 '공급'이라고 하고요. 물건을 필요로 하는 사람(수요자)이 있어야 돈을 들여 그것을 만들거나 구하는 사람(공급자)은 손해를 보지 않아요. 그런데 수요가 아주 많으면 한 사람 한 사람 세기가 어려워서 대충 이 정도겠구나 하고 물건을 많이 준비하지요. 이렇게 수요가 많아지면 공급도 많아지고 수요가 적어지면 공급도 줄어드는 것을 수요공급의 법칙이라고 해요.

많은 사람들이 펫샵을 찾아가서 인기 있는 명품 강아지, 명품 고양이를 찾게 되면 펫샵은 더 많은 강아지, 고양이를 판매하려 할 거예요. 하지만 자연적으로 강아지나 고양이들이 새끼를 낳는 수는 정해져 있고 새끼를 낳는 계절도 대개 봄이에요. 결국 돈에 눈이 먼 일부 사람들이 이미 발정기가 끝난 명품종의 강아지나 고양이를 철창에 넣고 강제로 교미시켜요. 인기 있는 명품종의 암컷 개와 고양이들은 새끼를 낳고 또 낳다가 병에 걸려 쓰러진답니다. 일부 펫샵에서는 이런 상황을 알면서도 계속해서 많은 강아지와 고양이를 주문해요. 그런 펫샵에서 구입한 강아지나 고양이들은 건강하지 않은 경우가 많아요.

얼마 전에 어떤 텔레비전 프로그램에서 동물보호단체들과 함께 '강아지 농장', '고양이 농장'을 찾아가 학대받는 동물들을 구하고 동물들이 어떻게 살고 있는지 취재한 적이 있었어요. 거기에서는 마치 부화장에서 태어나는 달걀들처럼 빽빽한 우리 안에서 강제로 몸에 수컷의 정자를 주사기로 주입받은 암컷 개와 고양이들이 쉴 틈도 없이 새끼 낳는 일을 반복하고 있었어요. 새끼를 밴 상태에서 또 새끼를 가질 수 있는 고양이들은 심지어 임신한 상태에서 제왕절개를 당하고 미처 태어나지 못한 다른 새끼들을 다시 품는 비참한 생활을 하고 있었지요.

수의사 자격도 없는 사람들이 새끼를 낳을 힘이 없는 개나 고양이들에게 제왕절개 수술을 하고 아무렇게나 상처를 꿰맸어요. 심지어 내장이 엉킨 것을 풀지도 않고 아무렇게나 다시 봉합해서 감염이나 장폐색으로 죽어가는 개나 고양이들도 수없이 많았지요. 이 프로그램을 본 사람들은 모두 분노했어요. 명품 강아지 명품 고양이를 찾는 일이 동물들에게는 이런 비참한 결과를 가져오므로 유기견 유기묘 중에서 반려견을 구입하자는 운동이 일어났었지요.

아무나 동물을 사육하고 신고만 하면 되었던 기존의 제도는 앞으로 일정한 기준을 충족할 때 정부에서 허가를 해 주는 것으로 바뀌게 돼요. 물론 반려동물을 소비자에게 건네는 방법, 즉 운송 방법도 기준이 크게 강화돼요. 판매업 등록을 하지 않으면 집에서 기르던 동물이 새끼를 낳았을 때 판매하던 일도 해서는 안돼요. 인터넷 판매 역시 허가를 받은 업자들만이 할 수 있게 되었답니다.

퀴즈

다음은 어느 동물에 대한 설명인지 선으로 이어 보세요.

① 산소공급장치나 물갈이 장치만 해 주면 오래 집을 비워도 큰 문제가 없어요.

② 아름다운 새소리도 들을 수 있고 대화도 가능해요.

③ 수명이 길고, 비용이 많이 들지 않아요.

ⓐ   ⓑ   ⓒ

정답: ①-ⓒ 금붕어 ②-ⓐ 앵무새 ③-ⓑ 거북이

4장
반려동물과 함께 어우러져 살아가기

"왈왈, 왈왈!"

나나 외할머니는 잠을 청하려고 이불을 덮었다가 마리가 하도 짖어서 할 수 없이 자리에서 일어났어요. 마리는 저번에 나나가 사온 빠삐용의 이름이에요.

"쉿! 마리야. 네가 그렇게 짖으면 옆집에서 또 와서 야단쳐. 제발 좀 조용히 해."

하지만 마리는 쉽게 그칠 생각을 하지 않았어요. 마리는 나비 날개처럼 뾰족한 두 귀를 나풀거리며 제멋대로 응석을 부렸어요. 젖먹이 때 엄마를 떠나 시장에 팔려 온 마리가 가엾어서 나나 외할머니가 무엇이든 오냐오냐 했기 때문이죠.

원래 빠삐용은 장난꾸러기에 활달해서 아주 어릴 때부터 제멋대로 굴거나 아무나 깨물면 안 된다는 것을 엄하게 가르쳐야 하거든요. 하지만

외할머니는 "젖니가 나려고 할 때는 가려워서 그러지." 하시면서 늘 쓰다듬어 주셨어요. 그런데 이가 다 났는데도 마리가 마구 물어 대서 외할머니 손에는 상처가 아물 날이 없었어요.

더 심각한 건 샘이 너무 많다는 거예요. 이제 걸음마도 잘 하고 막 단단한 사료를 먹기 시작한 샤샤만 보면 맹렬하게 달려들어 물어뜯곤 했어요. 둘 다 어릴 때는 그렇게까지 심하게 물지 않았는데, 점점 자라면서 샤샤의 목을 너무 세게 물어 하마터면 큰일 날 뻔했답니다.

샤샤의 목에는 마리가 물어서 생긴 상처가 이제 막 아물어 가는 중이에요. 결국 할머니는 마리의 집을 베란다로 옮기고 마리를 묶어 놓으셨어요. 그러자 집 안으로 들어가겠다고 잠시도 쉬지 않고 짖어 댔지요. 작은 몸에서 어떻게 그런 큰 소리를 내는지, 이웃집에서 잠을 못 자겠다면서 항의를 하는 통에 외할머니는 매일 고개 숙여 죄송하다고 사과를 했어요. 할 수 없이 마리의 집을 방으로 옮기려는데 누군가 문을 세차게 두드렸어요.

나나 외할머니는 보지 않아도 누군지 알 것 같았어요. 현관 벨이 있어도 이렇게 문을 쿵쾅 두드리는 사람은 옆집 아주머니였으니까요. 문을 열자마자 옆집 아주머니는 팔을 걷어붙이고 삿대질을 하면서 소리를 질렀어요.

"할머니! 내가 어르신이라 좀 참으려고 했는데요, 도저히 더는 참을 수가 없어요. 강아지 학대하세요? 왜 개가 그렇게 종일 울어요?"

"정말 죄송합니다. 고양이를 같이 기르는데 자꾸 목을 물어서 베란다에 두었더니 들여보내 달라고 그렇게 짖네요."

"그럼, 당장 방 안으로 데리고 들어가요! 묶어 놓으면 될 것 아니에요?"

할머니는 다시 한 번 머리를 숙여 죄송하다고 했어요. 그런데 아주머니가 문을 쾅 닫고 나가면서 중얼거리는 거였어요.

"개가 시끄러우면 성대수술이라도 시켜야 할 것 아냐?"

그 말을 들은 할머니는 가슴이 너무 아팠어요. 아무리 샘이 많고 시끄러운 마리라고 해도 조그만 강아지가 시끄럽게 짖는다고 어떻게 성대를 없애 버리겠어요? 할머니는 눈물이 핑 돌았어요. 그렇다고 이제 막 걸음마를 하고 마른 사료를 우유에 불려 먹기 시작한 꼬마 샤샤를 베란다에 내놓을 수도 없었어요. 외할머니는 할 수 없이 마리를 데리고 거실로 들어갔어요. 하지만 샤샤를 보자 마리가 쌩 달려가서 다시 목을 물고 흔들기 시작했어요.

"야옹~! 야옹~!"

샤샤가 힘없이 울었어요. 외할머니는 달려가서 얼른 샤샤를 마리에게서 빼앗아 품에 안았어요. 외할머니가 샤샤를 데리고 방으로 들어가자 이번에는 마리가 외할머니 방문을 박박 긁으면서 울어 댔어요.

"깽~, 깨앵~!"

옆집 창문 열리는 소리가 들렸어요. 그리고 무엇을 창밖으로 던지는지 와장창 쨍그랑 하는 소리가 들렸지요. 그런 중에 외할머니의 귀에 얼핏 이런 소리가 들렸어요.

"내일은 내가 저놈의 강아지를 다시는 짖지 못하게 해 줄 테다."

듣기만 해도 섬뜩한 얘기였어요.

엄마는 오늘도 나나의 친할머니께 전화를 걸어 외할머니가 시골로 가신 후 당하는 많은 불편한 일들을 미주알고주알 일러바치고 있었어요. 수화기 너머로 친할머니 목소리가 들려왔어요.

"아비는 뭐라고 하든?"

"아비가 회사일이 바빠서 장모님네 강아지 문제 같은 걸 고민이나 하겠어요?"

친할머니의 한숨 소리가 들려왔어요.

"너희 어머니께서는 하루 종일 이웃의 성화를 견디셔야 하는데 그게 어디 사소한 문제냐?"

친할머니는 잠시 생각에 잠기신 듯했어요. 이윽고 친할머니 목소리가 들려왔어요.

"나나 어미야. 우리 농장은 넓어서 마리가 아무리 짖어도 피해 입는 집이 거의 없단다. 오히려 개가 짖는 소리가 들리면 나쁜 녀석들이 피해 갈 테니 더 좋지. 정 힘드시면 마리를 우리 농장에 데려다 놓으시라고 해라."

엄마는 코맹맹이 소리로 "고마워요, 엄니~!" 하고 애교를 부렸어요. 외할머니는 애교가 없어서 마른 장작개비 같다는 엄마가 친할머니께 콧소리로 말하는 모습을 보니 꼭 애교쟁이 마리처럼 보였어요.

방으로 들어와 곰곰이 생각하니 배려를 해 주시는 친할머니가 고맙기는 했지만, 혼자 지내기 적적해서 마리를 데려오신 외할머니를 생각하면 친할머니네 농장에 마리를 보내는 게 최고의 해결책은 아닌 것 같아요. 방음장치를 돈 들이지 않고 하는 방법은 없을까요? 불현듯 2학년 때 환경미화를 위해 음악실을 꾸몄던 기억이 떠올랐어요. 나는 손가락을 튕기면서 혼자 외쳤어요.

"빙고~! 모든 건 해결됐어."

이제 재료만 구하면 문제없어요.

미션 4. 마리를 키울 방법을 찾아라!!!

이른 아침부터 아파트 주민들이 쓰레기 분리수거를 하느라 나와 주변을 정리하고 있어요. 나나는 아기 때 타던 유모차를 끌고 나왔어요. 왜냐고요? 종이로 만든 계란판을 얻기 위해서지요. 홈이 패인 달걀 30개들이 종이 용기는 훌륭한 방음 재료가 되기 때문이지요. 잠시 후 미희가 손을 흔들었어요.

"나나야, 여기~!"

같은 아파트에 사는 미희도 자기 집에서 모아 둔 계란판을 쇼핑백 가득 담아 가지고서 나나에게 흔들어 보였어요.

"미희야. 태권도 학원 갈 때 내가 떡볶이 살게~!"

미희가 "괜찮아." 하면서 웃었어요. 미희는 나나와 단짝이에요. 하지만 샤샤를 돌보기 시작하면서 왠지 조금 멀어지는 느낌이 들었어요. 하지만 이제 미희도 알고 있어요. 나나가 업둥이 고양이 샤샤의 언니라는 것을. 이제 샤샤가 씩씩한 어린 고양이가 되면 미희도 함께 놀기로 굳게 약속을 하고, 지금은 샤샤에게 나나를 양보하고 있는 거예요.

 일요일이 되자 엄마와 아빠 그리고 친할머니 친할아버지까지 모두 외갓댁에 모였어요. 마리의 집이 있는 방에 외할머니가 직접 쑤어 만든 찹쌀 풀로 계란판들을 여러 겹으로 포개서 빼곡이 붙이고, 그 위에 구멍을 엇갈리게 놓아 공간을 만든 후 한 겹을 더 덧붙였지요. 한 나절이 지나자 마리의 방은 음악실처럼 방음벽이 만들어졌어요. 친할머니가 말씀하셨어요.

 "자, 우리가 나갈 테니 나나 네가 여기서 노래를 불러 보렴."

 가족들이 모두 나가서 방문을 닫았어요. 나나는 어린이 행진곡을 큰 소리로 불렀어요. 그리고 엄마에게 핸드폰으로 전화를 걸었어요.

 "엄마, 내가 무슨 노래 불렀게요?"

 "어머, 정말 노래 불렀어?"

 성공이에요. 이제 마리가 아무리 보채고 울어 대도 이웃집에서 시끄럽지 않을 거예요.

 "미션, 성공!!"

 엄마와 나나, 외할머니와 친할머니 그리고 친할아버지는 돌아가며 하이파이브를 했답니다.

토론왕 되기

반려동물 중성화 수술, 해야 하나, 말아야 하나?

고양이나 강아지도 사람이 결혼하는 것처럼 종족을 보존하기 위해서 서로 만나고 자손도 기르고 싶어 해요. 봄은 대개 짝짓기의 계절인데요. 이때가 오면 거의 모든 동물이 발정을 해요. 암수가 서로를 부르지요. 특히 암고양이들은 이 증세가 심해서 마구 울부짖고 몸을 아무 데나 문지르지요. 심한 녀석은 피부를 다쳐 피가 흐를 때까지 그렇게 한대요. 이때 수컷을 부르는 소리나 짝짓기를 하면서 내는 소리는 하도 격렬해서 무섭게까지 느껴져요. 수컷들도 암컷만큼 심하지는 않지만 괴로워하고 암컷을 자연스럽게 만날 수 없는 경우 공격적으로 변하게 돼요. 그만큼 다루기가 힘들지요.

반려동물 한 쌍을 키우는 사람들에게는 또 다른 문제가 생겨요. 둘이 너무 사이가 좋아서 새끼를 자주 낳으면, 한 마리 키우는 데도 돈이 엄청나게 드는데 새끼를 모두 기를 경우 돈도 많이 들고 돌보아 주어야 할 시간도 많이 들거든요. 또 그 많은 반려동물들이 지낼 공간도 부족하고요. 그래서 사람들은 자신의 반려견이나 반려묘에게 중성화 수술을 시켜 주어요.

중성화 수술을 시키면 수컷은 얌전해지고 암컷은 울부짖는 시간이 거의 없어져요. 그런데 이게 꼭 좋은 현상일까요? 독신인 사람에게 어차피 결혼할 것이 아니니까 거세 수술을 하라거나 자궁적출 수술을 하라고 하면 '그게 좋겠다.' 하는 사람이 몇이나 될까요?

개나 고양이가 새끼를 자꾸 낳으면 몸이 약해져서 빨리 죽을 수도 있어요. 그래서 중성화 수술을 시키지 않는 건 무책임한 일이라고 반박하는 사람들도 있어요. 그렇지만 우리의 부모님도 우리를 낳아 기르지 않았다면 더 젊고 더 건강하셨을 텐데 우리를 키우는 삶을 선택하셨어요. 반려동물을 키우는 사람들 중에는 우리 눈에 얌전해 보이는 반려동물들이, 그들의 입장에서 보면 삶의 의욕이 없어서 그러는 것은 아닐까 생각하는 사람들도 많아요.

동물들의 생각을 읽어서 선택할 수 있다면 모르겠지만 그것도 모른 채 발버둥치는 동물들을 마취시킨 후 거세를 하거나 자궁적출 수술을 하는 것은 동물 학대에 속하지 않을까요?

길고양이들의 숫자가 많아져서 생태계에 문제가 된다거나 사회문제가 되어서 정부에서 길고양이들을 데려다 중성화 수술을 하는 것은 정책적으로 어쩔 수 없는 면이 있어요. 하지만 자신이 편하게 기르기 위해 행하는 이 수술이 정말 반려동물을 생각하는 것인지 다시 한 번 생각해 봐야 해요.

퀴즈
다음 반려동물에 대한 질문에 맞는 답을 적어 보세요.

① 반려동물이란 말을 쓰기 전에 개와 고양이를 무엇이라 불렀을까요?
② 반려동물이라는 말은 언제부터 쓰였을까요?
③ 모기를 매개체로 해서 옮는 기생충으로 이것이 기생하면 심장을 상하게 하는 기생충의 이름은 무엇일까요?
④ 빠삐용은 프랑스어로 무엇을 뜻할까요? 빠삐용 개는 귀 모양이 이것과 닮았다고 해서 빠삐용이라고 이름 붙였대요.

정답
① 애완동물
② 1983년 오스트리아 빈에서 열린 인간과 애완동물의 관계를 주제로 한 국제 심포지엄에서
③ 심장사상충
④ 나비

5장
반려동물은 나와 얼마나 함께할 수 있을까?

"나나야!"

다급한 엄마의 목소리가 들려왔어요. 토요일이라 늦잠을 자려던 나나는 할 수 없이 부스스 일어나 방문을 열었어요. 엄마가 전화기를 들고 걱정스런 표정으로 귀 기울이고 있었어요. 수화기 너머에서는 가느다란 고양이의 울음소리가 들려 오고 있었어요.

"무슨 일이 난 모양이다."

"왜요?"

"외할머니한테 전화 드렸는데 외할머니 목소리는 들리지 않고 샤샤 우는 소리가 들려."

"정말요? 그럼, 샤샤가 전화를 받았다는 거예요?"

"모르겠어. 엄마, 얼른 외할머니께 가 봐야겠다. 배고프면 혼자 밥 좀 차려 먹고 있어."

"저도 갈래요."

나나는 얼른 방으로 뛰어 들어가 잠옷을 갈아입었어요. 엄마는 흐트러진 머리를 빗지도 않은 채 차 열쇠를 들고 뛰어나가서 차에 시동을 걸었어요. 아무리 급한 일이 있어도 허둥거리지 않는 엄마인데 오늘은 왠지 엄마가 운전하는 모습이 불안하기만 했어요.

차창 밖으로 외할머니댁이 보였어요. 그때 엄마 전화기가 울렸어요. 외할머니 전화번호예요. 나나가 "여보세요" 하자 가느다랗게 "아오옹~!" 하는 소리가 들렸어요.

"샤샤! 할머니 어딨어?"

수화기 너머에서는 다시 "야옹, 야오옹~!" 하는 소리가 들렸어요. 주차를 하자마자 나나와 엄마는 외할머니댁으로 달려가 현관 비밀번호를 눌렀어요. 문이 열리자마자 나나가 "외할머니!" 하면서 집으로 달려 들어갔어요. 눈앞으로 손바닥만 한 샤샤가 폴짝 뛰어나오면서 "야옹, 야옹" 하고 울어댔어요. 할머니는 거실에도 방에도 안 계셨어요. 샤샤가 목욕탕 앞으로 달려가 앞발로 목욕탕 문을 할퀴면서 울어댔어요. 엄마가 얼른 목욕탕 문을 열었어요.

"어머니!"

외할머니는 목욕탕 바닥에서 신음하고 계셨어요.

"이게 무슨 일이에요?"

할머니가 뭐라고 하셨지만 잘 들리지 않았어요.

"목욕탕 바닥이 따뜻했기에 망정이지 몇 시간 동안 찬 바닥에 누워 계셨으면 어떻게 할 뻔했어요? 그래도 몸이 젖은 상태로 이러고 계셨으니 병나시겠어요."

외할머니는 고개를 저으셨어요.

"나나 어미야, 놀랄 것 없다. 물이나 한 잔 다오. 바닥이 따뜻하기에 무리해서 일어나기보다 나아질 때까지 그냥 누워 있는 게 낫겠다 싶었지."

"대체 어쩌다가 이렇게 되신 거예요?"

막 대답을 하려는 찰나 다시 엄마 핸드폰이 울렸어요. 전화를 받으려던 엄마는 깜짝 놀라 두리번거렸어요. 외할머니댁 번호가 찍혀 있었기 때문이죠. 꼬마 샤샤가 거실 바닥에 있는 할머니 핸드폰을 부드러운 앞발바닥으로 꼭꼭 누르고 있었어요. 전화를 받자 다시 샤샤가 야옹야옹 하는 소리를 냈어요.

"세상에! 아까 정말 샤샤가 전화 건 거였어요?"

거실에 놓여 있던 외할머니 핸드폰이 울리자 샤샤가 조그만 발로 방바닥을 긁을 때처럼 화면을 긁었나 봐요. 그러자 엄마 전화가 연결됐고 엄마가 외할머니를 부르는 소리가 나자 할머니가 위독하니 와 달라고 샤샤가 애타게 울었던 모양이에요.

"우리 샤샤, 최고네~! 샤샤 덕에 할머니 편찮으신 거 알게 됐잖아?"

괜히 나나가 으쓱해졌어요. 샤샤에게 우유를 먹이고 살려낸 건 나나였으니까요. 그때였어요. 다시 외할머니가 신음을 하셨어요.

"어머니. 왜 그러세요?"

외할머니는 힘없이 눈을 감으셨어요.

"좀 다쳤어. 고뿔이 걸려 며칠 드러누워 있었더니 화장실 바닥에 곰팡이가 피려고 하기에 약을 먹고 청소를 시작했지. 좀 빨리 일어나야겠다는 생각에 약국에 가서 독한 약을 지어 달라고 했단다. 그런데 약을 먹고 나니 너무 어지러워 도저히 더 할 수가 없더구나. 나가야겠다고 생각했는데, 잠시 정신을 잃었지 뭐냐? 깨어나 보니 바닥에 드러누워 있었어. 복사뼈가 아파서 일어나지 못하고 나아지기를 기다리면서 그때부터 이러고 누워 있었다. 그런데 낫기는커녕 점점 더 쑤시는구나."

엄마가 외할머니의 양말을 벗기려다 울먹였어요. 발이 너무 부어 양말이 벗겨지지 않았거든요.

"안 되겠다, 나나야. 119에 전화 좀 걸어."

엄마는 홑이불을 찾아다 외할머니께 덮어 드렸어요. 잠시 후 사이렌을 울리면서 구급차가 도착했어요.

"나나야, 엄마는 외할머니 모시고 병원에 갔다 올 테니까 집에서 샤샤

좀 돌보고 있어."

"네, 엄마. 엄마도 조심해서 다녀오세요."

응급대원 아저씨들이 들것에 외할머니를 태우고 엄마는 차 열쇠를 핸드백에 넣고는 급히 나갔어요. 갑자기 집 안이 조용해졌어요. 무섭기도 하고 왠지 눈물이 날 것 같았지만 손바닥만큼 작은 샤샤가 빈집에서 할머니를 지키고 있었는데, 언니인 나나가 이러면 안 되겠죠?

"걱정 마, 샤샤야. 언니가 지켜 줄게."

나나는 전기장판이 깔려 있어 따뜻한 외할머니의 침대에 누워 아까다 못 잔 늦잠을 다시 즐겼답니다. 시골집에 혼자 있어도 마음이 든든했어요. 곁에는 똑똑한 새끼 고양이 샤샤가 있었으니까요.

응급차에 실려 간 대학병원에 입원하게 된 할머니는 복사뼈와 발목뼈에 금이 갔대요. 그래서 아주 오랫동안 입원해 계셔야 한대요. 병실에서는 어떤 동물도 들어가지 못했어요. 할 수 없이 샤샤는 다시 나나가 맡고 마리는 친할머니 할아버지네 아로니아 농장으로 가게 되었지요. 샤샤를 너무 보고 싶어 하시는 할머니를 위해 나나는 오랜만에 샤샤의 사진과 동영상을 잔뜩 찍었답니다. 그 사진들을 본 외할머니의 눈가에 눈물이 맺혔어요.

"녀석! 그새 정말 많이 자랐구나."

매일매일 샤샤를 보는 나나는 잘 몰랐지만 병원에 입원해 계신 할머

니 눈에는 샤샤가 많이 자란 것처럼 보이나 봐요.

"이제 내가 점점 더 나이를 먹으면 샤샤를 두고 먼 길을 갈지도 모르겠구나."

엄마가 정색을 하고 끼어들었어요.

"무슨 말씀이세요? 고양이는 그렇게 오래 못 살아요. 샤샤가 새끼를 낳고 또 그 새끼가 새끼를 낳아 마당 가득 뛰어다닐 때까지 오래오래 사셔야죠."

"오냐, 오냐."

할머니가 고개를 끄덕이시는 바람에 눈물이 뺨으로 주르르 흘러내렸어요. 엄마가 수건으로 외할머니의 눈물을 닦았어요. 그런데 이제는 나나가 울 것만 같았어요.

"엄마…, 고양이가 오래 못 살아요?"

"그럼~! 바다거북이나 자라라면 모를까. 보통 동물들은 얼마 못 살아."

외할머니한테 온통 정신이 집중되어서인지 엄마는 아무 생각 없이 말했어요. 나나의 콧등이 시큰거렸어요. 나나는 샤샤의 사진들을 슬그머니 내리고 입원실을 나갔어요. 병원 로비에는 방문객들을 위한 컴퓨터가 몇 대 있었지요. 나나는 얼른 달려가 인터넷으로 검색을 해 보았어요.

'반려동물 수명'

반려동물들의 수명이 화면에 펼쳐졌어요.

앞으로 15년……. 나나가 20대일 때 샤샤와 헤어져야 한다는 사실을 이제 알았어요. 나나의 콧등이 시큰거렸어요. 하지만 미리 슬퍼할 필요는 없겠죠. 나나는 씩씩하게 눈물을 닦고 샤샤에게 한 손을 내밀었어요. 하이파이브를 가르쳤더니 나나가 손만 내밀면 샤샤는 조그만 앞발을 들어 나나의 손바닥을 '톡' 쳤어요.

우리에게는 시간이 아주 소중하죠. 그래요. 슬퍼할 시간이 어디 있겠어요? 이렇게 소중한 시간인데, 사랑하기에도 부족하잖아요? 나나는 꽉 잡으면 부서질 것 같은 샤샤를 안고 입을 맞추었어요.

"샤샤야, 우리 할머니 잘 부탁해."

샤샤가 말을 알아들었는지 분홍빛 혀로 나나의 뺨을 부드럽게 핥아 줬어요. 나나는 나직하게 샤샤의 귀에 속삭였어요. 고마워, 샤샤. 우리를 찾아와 주어서…….

 동물박사 도희의 한마디 도움말~!

동물들은 몇 년을 살까요?

수명에는 생리적 수명과 생태적 수명이 있어요. 생리적 수명은 쉽게 말하면 천적 같은 동물이나 지진 같은 천재지변이 일어나 죽지 않았을 때 살 수 있는 자연적으로 타고난 수명이에요. 생태적 수명은 생리적 수명이 길지만 살아가는 환경의 영향으로 어떤 종이 살아가는 평균적인 시간을 말해요.

한 예로 다람쥐는 생리적 수명이 15년이에요. 하지만 들고양이나, 삵, 들개, 너구리 같은 동물들에게 잡아먹혀서 실제로 15년을 다 살지는 못해요. 그런데 만일 사람들이 반려동물로 잘 보살펴 키운다면 15년을 사는 건 문제 없겠죠?

사람들과 함께 살아가는 반려동물들은 얼마나 살 수 있는지 알아볼까요?

개

평균 수명은 약 15년이에요. 하지만 새끼를 낳은 횟수, 중성화 수술을 했는지 안 했는지, 병에 걸렸었는지 아닌지에 따라 조금씩 달라요. 또 종마다 조금씩 다르지요. 암컷이 수컷보다 조금 오래 살고 순종보다 잡종이 더 오래 살아요. 왜냐하면 순종은 유전학적으로 순수 열성 인자가 잡종보다 훨씬 많기 때문이래요. 체중이 15kg보다 적은 소형견이 대형견보다 평균적으로 오래 산다고 해요.

고양이

평균 수명이 10~15년이에요. 집에서 키울 경우, 개들보다 활동량이 적어 6~7세부터 노화가 시작되고 비만이 되기 쉬워요. 하지만 아주 잘 돌보아 준 경우 20년까지 사는 경우도 많아요. 그러나 바깥 활동을 좋아하는 고양이의 특성상 집에서 자라다가도 집 밖으로 도망치는 경우가 많아 사실 정확한 통계가 없어요. 길고양이들의 평균 수명은 2~3년밖에 안 돼요. 우리나라는 사계절이 뚜렷하기 때문에 뜨거운 여름 더위와 한겨울 추위를 견디기 어렵고, 이때는 먹을 것을 구하기가 더 힘들기 때문이에요. 요즘은 고양이를 미워하는 사람들이 저지르는 범죄도 많아 여러모로 우리나라는 고양이들이 살기에는 힘든 곳이에요.

앵무새

앵무새는 수명이 굉장히 긴 새 중의 하나예요. 하지만 길짐승(기어다니는 짐승)들과는 달리 새들은 하늘을 배경으로 넓은 곳에서 자유롭게 살도록 진화했으므로 야생 상태에서 훨씬 오래 살아요. 왕관앵무새는 집에서 키울 경우, 10~20년간 살아요. 사랑앵무(잉꼬)는 8년, 모란 앵무는 10~15년을 살아요. 금강앵무나 아마존 앵무는 최고로 오래 사는데, 무려 50~80년을 살아요. 앵무새에게 말을 가르치면 평생 말벗을 하면서 함께 늙어갈 수 있답니다.

햄스터

햄스터는 수명이 짧아요. 3년, 길어야 4년을 산답니다. 어린이들이 햄스터의 생태를 관찰하기 위해 키우는 것은 좋지만 어르신들이 정을 붙이고 살기에는 적당하지 않아요.

거북

거북이는 십장생답게 수명이 아주 길어요. 불교에서 방생용으로 수입한 붉은귀거북(청거북이)은 수명이 40년쯤 된다고 하는데, 이 거북은 치어와 개구리, 도롱뇽, 올챙이 등을 마구잡이로 먹어치우는 유해종으로 판명이 났기 때문에 가능하면 안 키우는 게 좋아요. 보석거북이는 25년, 별거북이는 30년쯤 살아요. 사실 거북이는 자연 환경에서 자라면 더 오래 살 수도 있어요. 하지만 애완 거북이는 평균적으로는 25년쯤 산다고 해요. 거북의 일종인 남생이는 100년 이상 살지요. 몇몇 육지 거북이와 바다 거북이 중에는 500년 넘게 사는 경우도 있다고 해요.

관상어

사람들이 가장 많이 키우는 금붕어는 30년을 살아요. 비교적 큰 관상어들이 오래 사는 편이에요. 구피 같은 소형 물고기는 3년 정도 살고, 중간 크기인 엔젤피쉬는 3~5년, 철갑상어 같은 대형 어류는 키우는 환경에 따라서 짧게는 60년에서 150년까지도 산다고 해요. 안타까운 건 예쁜 물고기일수록 빨리 죽는다는 거예요.

고슴도치

고슴도치는 수명이 약 5년 정도예요. 어린이들은 잘 다루지 못해서 바늘 털에 크게 다치는 수가 있으니 고슴도치는 반려동물 박사가 아니라면 좀 신중하게 입양해야 한답니다.

사슴벌레와 장수풍뎅이

사슴벌레는 2~3년을 사는데, 관리를 잘해 주면 5년까지도 산다고 해요. 장수풍뎅이는 성충을 사 올 경우, 3개월 정도밖에 못 산다는 단점이 있어요. 원래 알에서 성충까지 자연 상태에서는 약 1년이 걸리지만 집에서 키울 경우에는 6개월이 걸린다고 해요. 이왕에 관찰하려면 알 때부터 키워 보는 것은 어떨까요?

미션 5. 샤샤의 수명 연장 프로젝트

나나는 엄마가 일하는 도서관에 왔어요. 인터넷에도 유용한 글들이 많이 있지만 블로그를 운영하는 사람들마다 조금씩 주장하는 것도 다르고 자료로 올린 내용도 달랐어요. 얼마 전에 같은 반 친구가 별 생각 없이 한 말이 내내 나나의 마음을 어둡게 했어요.

"나나야. 너 요즘 길고양이 키운다며? 나도 고양이 키우려다가 그만두었어. 왠지 알아? 길고양이는 길어야 3년 산대. 정 들었다가 죽으면 어떻게 해? 그래서 난 안 키워!"

마치 해파리처럼 톡 쏘는 그 말이 얼마나 상처가 되던지요.

'아냐, 우리 샤샤는 달라.'

오래오래 함께 살겠다고 다짐한 샤샤가 2~3년 만에 하늘나라로 가다니요. 나나는 그럴 리가 없다고 생각했어요. 만일 그렇더라도 샤샤만큼은 나나가 그렇게 되게 내버려두지 않을 거예요. 인터넷을 뒤져 보니 블로거들은 서로 싸우듯이 다른 주장들을 하고 있었어요.

choi89 우리의 반려동물들이 어떻게 하면 더 오래 더 건강하게 살 수 있을까요? 월령별, 연령별로 예방주사를 제때 맞춰 주고 적절한 사료를 공급해야겠어요.

catlove 정말 아깽이(애묘인들이 새끼 고양이를 이르는 말)들을 사랑한다면 직접 만든 음식을 주세요.

choi89 사람이 먹는 음식이 고양이에게 좋다고 생각하십니까? 잘못 아셨어요. 반드시 영양가 많고 고양이를 위해 만든 사료만을 먹여야 합니다.

jin8033 choi89님은 지금 사료업자들의 거짓말에 놀아나고 있습니다. 동물 사료는 일단 질이 낮은 재료를 쓸 수밖에 없습니다. 가끔 음식점에서 동물 사료 재료로 음식을 만들었다고 고발 당하는 것을 본 일이 없으신가요? 질이 낮은 원료를 쓰는 사료 생산업자들에 의해서 우리는 사료가 동물에게 가장 좋은 먹거리인 것처럼 속고 있는 거예요.

누구 말이 맞는지 잘 모르겠어요. 나나는 일단 사람들이 주장하는 것을 모두 정리했어요. 그리고 도서관에 와서 책을 여러 권 빌려 비교하면서 두 주장 중에 서로 공통되는 내용을 정리해 보았어요. 다음에 누군가 물어보면 도희 언니처럼 자신 있게 도와줄 수 있도록 말이에요.

나나의 메모

반려동물을 잘 키우려면?
균형 잡힌 영양식을 주세요.

영양이 골고루 들어 있는 사료를 먹이되, 고양이의 경우 캣닢이나 개다래 잎, 신선한 육류, 과일 등 간식을 추가로 주는 게 좋아요.

정기적으로 운동을 시켜 주세요.

개를 산책시키는 사람들은 많은 반면에 고양이를 산책시키는 사람은 많지 않아요. 또 산책을 시키는 것도 개보다 훨씬 어렵지요. 하지만 운동을 시켜 주어야 심장병과 비만, 성인병에 시달리지 않는다고 해요. 유기묘나 유기견들은 또 버림을 받는 줄 알고 밖에 안 나가려고 발버둥치는 경우도 있어요. 이럴 때는 강제로 산책을 시키지 말고 집에서 함께 놀아 주는 시간을 늘려 주세요. 보호자를 완전히 믿을 때, 어디를 가든 개나 고양이는 순순히 따라나선답니다.

신선한 간식을 주세요.

반려동물이 가장 좋아하는 신선한 재료의 간식거리를 준비해서 사료와 함께 먹여 보세요. 기르는 반려동물에 따라서 어떤 녀석은 육류를 더 좋아하고 어떤 동물은 감자나 고구마 등 야채를 더 좋아하지요. 매일 관찰일기를 쓰면서 반려동물이 가장 좋아하고 무리가 안 되는 음식들을 적어 두었다가 간식으로 주면 건강해진답니다.

스트레스를 줄여 주세요.

열대어나 새, 거북이 등은 깨끗한 환경을 유지해 주고 제때 먹이를 주면 좋아요. 하지만 고양이나 개들은 밥을 주고 잠을 재워 주는 것만으로는 부족해요. 혹시 너무 바빠서 같이 놀아 주지 못하거나 오랫동안 집을 비우게 될지라도 사랑한다는 것, 그리고 반드시 돌보러 다시 돌아온다는 것을 이해시켜 주세요. 개나 고양이는 사람의 감정을 어떤 동물보다도 잘 이해하고 사람들이 하는 대화의 뜻을 잘 알아듣는답니다. 그리고 각각의 개나 고양이마다 자신이 요구하는 것을 특정한 몸짓이나 짖는 소리, 눈빛 등으로 표현해서 마음이 잘 통하는 보호자와는 의사소통이 그리 어렵지 않아요.

최대한 자유를 주세요.

새나 거북이, 관상어에게 자유를 준다는 건 사실 어려워요. 하지만 최소한 갇혀 있다고 느끼지 않을 만한 환경을 만들어 주세요. 개나 고양이는 묶어 두지 말고, 꼭 묶어야 하는 상황에서는 일정한 규칙을 만들어 주세요. 예를 들어 누군가 배달을 온다든지 외출을 할 때처럼 반려동물을 잃어버릴 수 있는 상황에서는 반드시 목줄을 맨다든가, 일정한 공간에 놓아 두세요. 그러면 차차 자신을 괴롭히려고 그러는 것이 아니라 어쩔 수 없이 잠시 그렇게 한다는 것을 이해한답니다.

폭력을 사용하지 마세요.

동물은 복잡한 상황을 판단하는 능력이 떨어지기 때문에 잘못을 했다고 때리거나 심한 벌을 주면 위축되거나 공격적으로 변해요. 반대로 잘한 행동을 했을 때 칭찬을 많이 해 주세요. 그러면 칭찬받고 싶어서 점점 바람직한 행동을 하게 된답니다. 벌을 줄 때는 간식을 제한하거나 벌 받는 방에 잠시 가둬 놓으면 반려인이 싫어하는 행동은 피한답니다.

나나네 외할머니는 아주 오랫동안 입원해 계셨어요. 노인이라 뼈를 한 번 다치면 다시 붙는 데 시간이 많이 걸린대요. 기억하세요? 외할머니가 그렇게 다친 것을 알려 준 것이 샤샤라는 사실을 말이에요. 마리는 너무 활동적이라 다리가 편찮으신 외할머니와 함께 살기에는 적당하지 않을 것 같아요. 게다가 샤샤를 물고 괴롭힌다면 외할머니가 말리다가 다시 다치실 수도 있어요. 아무리 생각해도 샤샤가 외할머니를 위로하고 돌볼 수 있도록 외할머니께 샤샤를 양보해 드려야 할 것 같아요. 그 생각을 하니 나나는 눈물이 났어요. 샤샤를 쓰다듬다 말고 눈물을 닦고 있는데 엄마가 과일을 깎아 가지고 나오시다가 이 모습을 보았

어요.

"나나야. 왜 또 울어? 정말 울보네."

나나는 그냥 고개를 젓고 샤샤를 껴안았어요. 샤샤가 마치 "언니, 울지 마." 하는 듯이 흐르는 눈물을 날름날름 핥아 주고는 입술에 쪽 뽀뽀도 해 줘요.

"샤샤랑 헤어지게 돼서 그래?"

나나가 고개를 끄덕였어요. 엄마가 잠시 생각하더니 말했어요.

"우리도 반려동물 입양할래?"

엄마 말을 듣고 보니 그것도 좋은 방법 같았어요. 샤샤를 키우면서 경험도 쌓였고 공부도 많이 해서 이제 조금 자신이 붙었거든요.

나나는 유기동물보호소 홈페이지에 들어가 보았어요. 거기에는 구조된 동물들의 사연도 많고 또 반려인을 찾지 못하면 안락사를 당할 수밖에 없는 동물들의 가엾은 모습도 많이 올라와 있었어요. 나나는 한참 동안 강아지랑 고양이들을 살펴보다가 눈에 확 띄는 제목의 기사를 읽었지요.

막 겨울이 시작되던 어느 날 차에 시동을 걸던 한 아주머니는 이상한 소리를 들었대요. 가늘게 고양이가 우는 것 같은 소리였어요. 그래서 시동을 끄고 귀 기울여 보니 자신의 차 엔진에서 나는 소리였어요. 얼른 차 보닛을 열어 보니 추위를 피하려고 차로 들어간 새끼 고양이가 엔진 벨트에 오른쪽 발이 감겨 피를 흘리며 울부짖고 있었어요. 아주머니는 새끼 고양이를 병원에 데리고 가 응급수술을 시켰지만 너무 어린 녀석이라 발이 다 상해서 결국 오른쪽 앞발을 절단하고 말았어요. 이제 막 회복되는 중이지만 키워 줄 사람이 나타나지 않으면 안락사를 당할 수도 있다는 사연이었어요.

눈도 뜨지 못한 샤샤를 먹이고 재우고 키우는 동안 엄마를 잃은 고양이들이 얼마나 엄마를 그리워하고 세상을 두려워하는지 직접 본 나는 그 고양이가 너무 가엾어서 종일 공부를 할 수 없었어요.

'이 아이를 모른 척해서 안락사를 당하게 되면 어떻게 하나? 두고두고 생각나는 천사 같은 눈과 밀려오는 후회는 또 어떻게 견디지…….'

"엄마……."

엄마는 열심히 다리미질을 하다 말고 나나를 물끄러미 바라봤어요.

"저, 이 고양이 입양하면 안 돼요?"

나나는 엄마의 손을 이끌고 컴퓨터 앞으로 다가갔어요. 그리고 앞발이 잘린 새끼 고양이의 사연이 적힌 기사를 보여 주었어요. 그것을 읽는 엄마의 눈에도 눈물이 글썽해졌어요. 그래요. 나나가 눈물이 많은 건 엄마를 닮았기 때문이었나 봐요. 엄마가 나나의 머리를 쓰다듬으면서 말했어요.

"좋지. 우리 나나, 정말 자랑스러워."

엄마는 칭찬을 자주 안 해 주는데 갑자기 기대하지도 않았던 칭찬을 받으니 나나의 마음이 따뜻해졌어요.

어제는 외할머니가 퇴원하신 날이었어요. 그리고 오늘은 나나가 고양이를 분양받으러 가는 날이에요. 쌀쌀하지만 맑은 바람이 나나와 엄마를 맞아 줬어요. 동물보호소에 가니 소장님이 반갑게 맞아 주셨어요. 미리 전화를 해서 나나와 엄마를 기다리고 계셨지요. 나나를 보자 소장님은 마치 어른들에게 하듯이 한 손을 내밀면서 악수를 청했어요.

"네가 나나구나."

소장님은 나나가 기다리던 새끼 고양이를 가리켰어요. 나나가 다가가자 고양이의 눈이 점점 커지더니 마치 자신을 데리러 올 줄 알았다는 듯이 나나의 손에 머리를 비비면서 반겨 주었어요. 샤샤의 냄새가 새끼 고양이를 안심하게 해 준 것일까요? 새끼 고양이는 열심히 나나의 몸에 코를 대고 냄새를 맡았어요. 다리를 잃어서 의기소침해 있을 줄 알았던 녀석은 아주 씩씩했어요.

소장님이 선물로 주신, 커다란 고양이가 그려진 수건을 강보 삼아 감싸고 고양이를 안았어요. 고양이는 오랫동안 기다렸다는 듯이 나나의 가슴에 얼굴을 묻더니 곧 새근거리면서 잠이 들었어요.

"아가야. 앞으로는 언니랑 엄마가 네 가족이 되어 줄게. 오늘부터 더 씩씩하고 밝게 사는 거야."

엄마가 미소를 지으면서 나나를 바라봤어요.

"나나야. 새끼 고양이 이름을 뭐라고 지을까?"

나나는 곰곰이 생각해 보았어요. 새끼 고양이가 기적적으로 살아난 것도 벅찬 기쁨이지만, 새끼 고양이는 나나네 식구에게도 가족이 하나 더 생기는 기쁨을 주었어요. 나나가 태어나 세례받을 때 대모가 되어 주었던 언니의 이름이 떠올랐어요. 레띠시아였어요. 낯선 이름 때문에 나나가 무슨 뜻인지 물어보자 엄마가 설명해 주었지요.

"엄마, 전에 레띠시아가 무슨 뜻이라고 했어요?"

엄마의 눈이 반짝 빛났어요.

"레띠시아는 프랑스 여자 이름이야. 원래는 라틴어로 '기쁨', '희열'을 뜻하는 말이지. 레띠시아가 좋아?"

나나는 고개를 끄덕였어요.

"우리 새끼 고양이가 오른쪽 앞다리는 잘렸지만 매일매일 기쁘다면 다리가 없어도 꿋꿋하게 살 수 있을 것 같아서요."

엄마가 나나의 뺨을 보듬었어요. 그러고는 자고 있는 새끼 고양이의 콧등을 검지로 살살 쓰다듬으며 말했어요.

"레띠시아, 너는 좋겠다. 이런 언니가 있어서."

엄마와 함께 가는 동안 파란 하늘에서 반짝이는 햇살들을 보면서 나나는 속으로 다짐했어요. 함께 살아가는 동안 내내, 하늘이 나나와 레띠시아를 헤어지게 할 때까지, 레띠시아가 벅찬 기쁨 속에서 살아가도록 돌보겠다고요.

반려동물의 안락사, 과연 옳은 걸까?

반려동물들도 나이를 먹어서 자연사할 때가 되면 대소변을 가리지 못해요. 이빨도 약해져서 먹이부터 대소변 받아내기, 병 치료를 하는 것까지 이유기의 아기처럼 돌보아야 해요. 병원비도 굉장히 많이 들지요. 동물의 병 간호를 하기도 어렵고, 병이 심해 동물들의 고통도 심해지면 안락사를 선택하는 사람들도 많아요. 여러분은 안락사를 어떻게 생각하세요?

찬성 사람이든 동물이든 노령으로 세상을 떠날 때가 되면 사는 것이 더 고통스러울 때가 있습니다. 노령기를 앞둔 생명은 맛있는 음식을 먹는 것도 잘 자는 것도 불가능하므로 사는 게 오히려 고문을 받는 거나 다름없답니다. 이런 고통을 당하게 놔두는 것보다는 하루라도 빨리 고통을 느끼지 않도록 안락사를 시키는 것이 좋다고 생각합니다.

반대 전보다 더 돌보아 주어야 할 상태가 왔다고 안락사를 시킨다는 건 사람의 이기심 아닐까요? 동물들이 죽으면서 과연 사는 것보다 죽는 게 낫다고 여기거나 독극물이 든 주사를 맞으면서 죽어가는 것이 병 때문에 앓는 것보다 덜 괴롭다고 느낄까요?

찬성 노환으로 앓는 동물들은 함께 산책을 하거나 놀지 못하므로 가끔 눈을 뜨고 반려인을 바라보는 것 외에는 할 수 있는 게 없어요. 아픈 몸으로 반려인을 종일 바라보기만 하는 것이 과연 행복한 일일까요?

 **반대** 동물들은 건강할 때에도 종일 반려인이 직장에서, 혹은 학교에서 돌아오기만을 기다리면서 하루를 보내고, 잠시 얼굴을 보는 그 시간 동안 굉장히 행복해 합니다. 동물들은 순수하고 단순합니다. 몸이 아프니까 반려인을 기다리면서 사느니 죽는 게 낫다는 그런 복잡한 생각은 하지 않는다고 확신합니다. 아플수록 한 번이라도 더 반려인의 얼굴을 보고 싶다고 여길 것입니다.

 **찬성** 나이가 많아 만성신부전이나 호흡곤란, 구토, 설사 등이 계속된다면 살아 있는 내내 견딜 수 없는 고통에 시달려요. 이럴 때 고통을 덜어 주고 조용히 하늘로 돌아갈 수 있도록 도와주는 것이 가족으로 살아온 사람들의 의무가 아닐까요?

 **반대** 사실 죽음뿐만 아니라 탄생도 우리에게는 큰 고통을 준답니다. 새로 태어나는 아가들은 숨을 쉬기 위해서 울음을 터뜨려야 해요. 단지 우리는 너무 어릴 때 일이라 이런 고통을 잊고 있는 것뿐이랍니다. 따라서 우리 영혼이 깃들어 살던 몸을 떠날 때도 고통스럽고 복잡한 여러 절차를 거쳐야 해요. 신체 기능이 하나하나 멈출 때까지 견뎌내면서 이별 준비를 하다가 마지막 순간에 사랑하는 모든 사람들에게 인사를 하고 떠나는 게 삶을 제대로 마감하는 방법이라고 생각해요.

퀴즈

반려동물들은 얼마나 살까요? 다음 반려동물과 반려동물의 수명에 대한 설명을 바르게 이어 보세요.

 ① 앵무새   ㉠ 평균 25년쯤 살지만, 500년 넘게 사는 경우도 있어요.

 ② 거북이   ㉡ 평균 수명은 10~15년이지만, 집 밖으로 도망치는 경우가 많아 정확한 통계가 없어요.

 ③ 고양이   ㉢ 집에서 키울 때는 15~29년을 살지만, 야생 상태에서 훨씬 오래 살아요.

 ④ 장수풍뎅이   ㉣ 성충은 3개월, 알에서 성충까지 키우는 데는 6개월이 걸려요.

④-㉣
③-㉠
②-㉡
①-㉢

정답

반려동물 관련 사이트

동물자유연대 www.animals.or.kr
반려동물 보호자에게 바른 돌봄 정보를 제공하고, 학대받고 버림받은 동물들을 보살피는 반려동물복지센터도 운영하고 있어요. 이곳에서 입양신청을 하거나 후원할 수 있답니다.

동물보호센터 www.angel.or.kr
개, 고양이 등 반려동물의 인터넷신고센터예요. 동물보호소 안내, 실종시 대처방안, 전단지 제작, 동물 찾기 네트워크 등을 운영하고 있어요.

동물보호관리시스템 www.animal.go.kr
유기동물 신고와 동물 등록, 동물판매업과 수입업, 장묘업에 관한 등록 등 반려동물에 대한 자료를 찾아볼 수 있는 동물보호 업무 전반에 관한 통합관리 시스템이에요.

한국반려동물관리협회 www.dwse.or.kr
반려동물 관리사에 대한 전문지식을 습득하고 자격증을 취득할 수 있는 사이트예요.

어려운 용어를 파헤치자!

유기동물

주인의 실수로 잃어버리거나 혹은 버려진 반려동물을 뜻해요. 동물이 늙거나 병에 걸려서, 혹은 주인이 죽어서 버려지는 동물들이 있어요. 우리나라는 2008년 시행된 동물보호법에 의하여, 동물을 유기하였을(버렸을) 때 2020년 기준 300만 원 이하의 과태료가 부과돼요.

심장사상충

개의 우심실 및 폐동맥에 기생하는 사상충으로 모기에 의해 감염되지요. 주요 증상은 개가 계속 기침을 하는 것으로. 이 기침은 운동을 하면 심해지며, 호흡도 점차 힘들어지다 결국 운동을 전혀 못 하는 상태가 돼요. 수명이 다한 벌레가 죽거나 약으로 치료를 하는 경우 죽은 벌레 조각이 떨어져 나가 혈관을 막아 버릴 수가 있는데, 이걸 혈전에 의한 색전증이라고 하며, 개가 급사하는 원인이 되기도 해요.

중성화 수술

반려동물의 생식 기능을 제거하는 수술이에요. 암컷은 난소와 자궁을 없애 자궁축농증 유방암·난소종양 등이 발생할 위험을 줄일 수 있어요. 수컷의 경우에는 전립선염과 고환 질환이 줄어들고, 공격적인 성격도 사라져요. 또 나쁜 배뇨 습관도 고쳐진다고 해요.

안락사

극심한 고통을 받고 있는 죽음에 임박한 중환자에 대하여, 본인 또는 가족의 요구에 따라 고통이 적은 방법으로 생명을 단축하는 행위를 말해요.

신나는 토론을 위한 맞춤 가이드

반려동물에 대한 이야기를 재미있게 읽었나요? 이제 반려동물에 관한 한 박사가 다 되었다고요? 그 전에 마지막 단계인 토론을 잊지 마세요. 토론을 잘하려면 올바른 지식과 다양한 정보가 바탕이 되어야 해요. 책을 다 읽고 친구 또는 엄마와 함께 신나게 토론해 봐요!

잠깐! 토론과 토의는 뭐가 다르지?

토론과 토의는 모두 어떤 문제를 해결하기 위해 의견을 나누는 일입니다. 하지만 주제와 형식이 조금씩 달라요. 토의는 여러 사람의 다양한 의견을 한데 모아 협동하는 일이, 토론은 논리적인 근거로 상대방을 설득하는 일이 중요합니다. 토의는 누군가를 설득하거나 이겨야 하는 것이 아니기 때문에 서로 협력해서 생각의 폭을 넓히고 좋은 결정을 내릴 때 필요해요. 반면 토론은 한 문제를 놓고 찬성과 반대로 나뉘어 서로 대립하는 과정을 거치지요.

넓은 의미에서 토론은 토의까지 포함하는 경우가 많습니다. 토론과 토의 모두 논리적으로 생각 체계를 세우고, 사고력과 창의성을 높이는 데 도움을 준답니다.

토론의 올바른 자세

말하는 사람
❶ 자신의 말이 잘 전달되도록 또박또박 말해요.
❷ 바닥이나 책상을 보지 말고 앞을 보고 말해요.
❸ 상대방이 자신의 주장과 달라도 존중해 주어요.
❹ 주어진 시간에만 말을 해요.
❺ 할 말을 미리 간단히 적어 두면 좋아요.

듣는 사람
❶ 상대방에게 집중하면서 어떤 말을 하는지 열심히 들어요.
❷ 비스듬히 앉지 말고 단정한 자세를 해요.
❸ 상대방이 말하는 중간에 끼어들지 않아요.
❹ 다른 사람과 떠들거나 딴짓을 하지 않아요.
❺ 상대방의 말을 적으며 자기 생각과 비교해 봐요.

체계적으로 생각하기

반려동물을 키우기 전에 고려해야 할 것은 무엇일까요?

집에서 반려동물을 키우는 데는 많은 문제점이 있을 수 있어요.
이 책에서 이야기한 가장 큰 문제점 다섯 가지는 무엇일까요?

①

②

③

④

⑤

논리적으로 생각하기 1

반려동물, 살까? 입양할까?

반려동물을 들이고 싶을 때 어떻게 해야 할까요? 일반적으로 펫샵에서 사거나 새끼를 낳은 주변 사람에게 얻을 수 있어요. 그리고 버려진 유기 반려동물을 입양하는 방법도 있답니다. 다음 기사를 읽고 의견을 나눠 봅시다.

유기동물들 갈 곳이 없다

유기된 반려동물은 대부분 보호시설을 거친다. 동물보호법 제14조에 따르면 유기된 동물은 지방자치단체(지자체)가 관리하게 돼 있다. 하지만 지난해 기준 지자체가 직접 운영하는 유기동물보호소는 전국 28곳에 불과하다. 유기동물은 대부분 민간위탁보호소(전국 279곳)로 보내진다.

민간위탁과 지자체가 직접 운영하는 보호소를 합해 전국에 퍼져 있는 유기동물보호소가 수용할 수 있는 유기동물 수는 총 2만 2000마리로, 연간 10만 마리에 육박하는 유기동물을 감당할 수 없다. 이 때문에 보호기간은 23일로 한 달도 채 되지 않는다. 이 기간에 새 주인을 만나지 못한 유기동물은 안락사하게 된다. 지난해 기준 46.6%가 원주인을 찾아가거나 새 주인에게 입양됐지만 22.7%는 보호소에서 자연사했고, 20%는 안락사 신세를 면치 못했다.

1. 유기동물을 입양하는 방법에 대해 알아봅시다.

2. 반려동물을 입양하기 전에 고려할 것은 무엇일까요?

논리적으로 생각하기 2

반려견 성대 제거 수술, 어쩔 수 없는 선택일까?

아파트 단지 내에서 반려견의 짖는 소리 때문에 많은 분쟁이 생기고 있어요. 그 대안으로 성대 제거 수술이 제시되고 있는데, 그것은 동물 학대라는 입장과 어쩔 수 없는 선택이라는 의견이 팽팽히 맞서고 있어요. 다음 기사를 읽고 여러분의 의견을 써 보세요.

동물 반려 인구 1000만 명 시대를 맞아 반려동물로 인한 이웃 간 분쟁이 크게 늘고 있다. 가장 대표적인 것이 아파트 단지 내 반려동물 소음과 관련한 분쟁이다. 이로 인해 동물 반려인이 지켜야 할 에티켓, 이른바 '펫티켓'이라는 신조어가 생겼을 정도다. 그런데 일부 단지에서 반려견 소음 분쟁을 막는다는 취지로 반려견의 성대 제거 수술을 펫티켓으로 내세워 논란이 일고 있다.

한쪽에서는 반려견의 짖는 소리도 이웃주민 생활에 불편을 주는 층간소음으로, 뾰족한 대안이 없는 만큼 성대를 제거해 소음을 차단해야 한다고 주장한다. 이에 대해 반려인들은 가족의 일원인 멀쩡한 반려견의 성대를 인위적으로 제거하는 것은 동물학대 행위라고 반박한다.

1. 성대 수술은 어쩔 수 없는 선택이다.

2. 성대 수술은 동물 학대다.

3. 성대 제거 수술 외에도 다른 방법으로는 무엇이 있을까요?

창의력 키우기

지금 반려동물을 키우고 있거나, 키우고 싶은 반려동물이 있나요? 그 반려동물이 무엇인지 그리고 잘 키울 수 있는 방법을 조사해 보세요.

예시 답안

반려동물을 키우기 전에 고려해야 할 것은 무엇일까요?
① 배변 훈련이 어렵다.
② 가족 중에 동물 털 알레르기를 앓는 사람이 있다.
③ 장기간 집을 비울 때 반려동물을 돌봐 줄 사람이 없다.
④ 반려동물을 키우는 데는 돈이 든다.
⑤ 동물이 자라면서 덩치가 너무 커지거나 병이 들 수 있다.

반려동물, 살까? 입양할까?

1. 유기동물을 입양하는 방법에 대해 알아봅시다.
유기동물 보호소나 동물단체, 근처 동물병원 등에서 입양할 수 있다. 주인을 잃은 동물을 볼 수 있는 사이트 등에서도 입양 안내 항목을 통해 입양할 수 있다.

2. 반려동물을 입양하기 전에 고려할 것은 무엇일까요?
불쌍하다는 마음만으로 입양하는 것은 금물이다. 자신이 선호하는 동물의 성격과 특성을 미리 생각해 보고 충분한 시간을 들여 고민한 후에 나와 잘 맞는 가족을 찾아 데려와야 한다.

반려견 성대 제거 수술, 어쩔 수 없는 선택일까?

1. 성대 수술은 어쩔 수 없는 선택이다.
반려동물을 싫어하는 사람도 분명 있으므로 이웃의 피해를 줄이고 끝까지 책임을 지기 위해서는 어쩔 수 없는 선택이다.

2. 성대 수술은 동물 학대다.
개가 짖는 것은 우리가 말하는 것과 같은데 성대를 제거하는 수술은 동물의 의사에 상관 없이 말을 못하게 하는 잔인한 행동이므로 동물 학대다.

3. 성대 제거 수술 외에도 다른 방법으로는 무엇이 있을까요?
훈련을 통해 조절할 수도 있고, 짖음방지기 같은 기구도 있다. 또한 반려동물을 키우는 입주민들이 많은 공동주택을 찾는 것도 방법이 될 수 있다.